魏晉三玄與言意之辨

沈 維 華 著

文 史 哲 學 集 成
文史哲出版社印行

國家圖書館出版品預行編目資料

魏晉三玄與言意之辨 / 沈維華著. -- 初版.--
臺北市：文史哲，民 107.05
　頁；　公分（文史哲學集成；708）
參考書目：　頁
ISBN 978-986-314-409-0（平裝）

1.玄學　2.魏晉南北朝哲學

123　　　　　　　　　　　　　107007481

文史哲學集成　708

魏晉三玄與言意之辨

著　　者：沈　　　維　　　華
出 版 者：文　史　哲　出　版　社
　　　　　http://www.lapen.com.tw
　　　　　e-mail:lapen@ms74.hinet.net
登記證字號：行政院新聞局版臺業字五三三七號
發 行 人：彭　　　正　　　雄
發 行 所：文　史　哲　出　版　社
印 刷 者：文　史　哲　出　版　社
　　　　　臺北市羅斯福路一段七十二巷四號
　　　　　郵政劃撥帳號：一六一八〇一七五
　　　　　電話886-2-23511028・傳真886-2-23965656

實價新臺幣三二〇元

二〇一八年（民一〇七）五月初版

自　序

　　「語言是有聲的思想，思想是無聲的語言。」語言與思想，各以對方的存在為自己存在的條件，二者關係甚為密切。尤其是在人我溝通或是在對文本進行理解與詮釋的思考過程中，語言有其存在的必要性。但不能否認的是，語言無可避免有其局限性，像是人們會遇到「言不盡意」或是「辭不達意」的困境。中西對此不即不離的言意關係持不同看法。西方認為「思想不能離開語言，語言最終仍是要經由語言本身來尋求突破的。」中國則是強調「語言有其局限性」，認為語言背後的道有著不可言說的特性，主張破除語言文字的執著，轉向內心的體驗與修養。是以，如何超越「不可言傳」的局限性，而以心契默會的方式，直接尋繹文本的內涵深蘊，並藉此安頓自己的生命，這不僅是理解上的問題，也是方法上的問題，更是生命的問題。研究魏晉言意之辨，即是對此一系列問題的探討。

　　言意之辨是魏晉玄學中主要的論題之一，探討的內容是言辭和意念的關係。此一課題，早在先秦《周易》、《老子》、《莊子》等典籍中出現，但直到魏晉時期，由於玄學的興起，人們競相注解三玄，才使得言、意關係逐漸成為哲學上的核心問題。在當時，投入言意之辨者甚眾，較具代表性者，分別有荀粲的「言象不盡意論」、王弼的「忘言忘象得意論」和歐陽建的「言

盡意論」三家。至於嵇康的「音樂盡意」、郭象的「寄言出意」、張湛的「言意兼忘」、張韓的「不用舌論」與庾闡的「蓍龜論」等等，無一不是以「言不盡意論」作為理論的基礎。而王弼的「忘言忘象得意論」，對於當時玄學的建立、文學的創作、易學的發展，以及對後世「不立文字，道在心悟」的禪宗，都有深遠的影響，可說是魏晉言意理論最具代表性的觀點。

　　魏晉玄學家以讀者的身分，以「得意忘言」、「寄言出意」的方式，對其三玄進行詮釋的活動與理解。依現代詮釋學的觀點，詮釋者與文本之間是以開放的態度進行對話，經由循環互動的過程，達到一種既包容，又超出文本與詮釋者原有視野的新的視界。若以包容開闊的態度，思索魏晉「言盡意論」與「言不盡意論」的關係時，即會察覺，二者並非是在同一層面上立論，而是判別言語傳達意義功能的兩套理論。「言盡意論」是從語言學的範圍對一般名言與意義的關係層面上處理言意問題，「言不盡意論」則是從形上學的範圍對名言表達形而上的原理的層面上進行理論的探討。二者無所謂的針鋒相對，而是可以相容並存的，因此不能構成有意義的「論辯」。試想：處在當今如此複雜紛擾的社會裡，人們當涵養相容開闊的胸襟，才能與萬事萬物和平共處、共存。尤其在處理像是言語或思想等較抽象內容的差異，所形成的衝突與矛盾的對立時，更需要以「和而不同」的相容心態來面對。即便是極端對立的思想或言論，只要人們願意且努力持之以恆地探索，必能尋繹出個別存在的特殊價值性。是以，魏晉玄學言意之辨以「言不盡意」為核心內容，往形而下行的「言盡意」與朝形而上行之的「超言意」，皆因各家就不同的層面去探討言意關係，而各有其所見。

　　本書於碩士論文的基礎上，有所增訂修改而成。當年論文從搜集資料到完稿，承蒙指導教授莊師耀郎先生無私的指導與啟發；口試委員曾春海老師、劉錦賢老師提出寶貴的建議與指正，使論文得以更臻於完善，銘感五內，難以言喻。還有師長友朋的關心，無法在此一一致謝，但這些溫馨之情，將永遠銘記在心；更要由衷感謝父母的鼓勵與支持，體諒與包容，我才能堅持到最後一刻。

　　撰述本書期間，雖投注大量心血，然限於才力，當有思慮不周，論證不密之處，敬祈　博雅君子，不吝賜教。

沈維華　謹誌於臺北 2018.05

4　魏晉三玄與言意之辨

魏晉三玄與言意之辨

目　　次

第一章　緒　論

一、撰　寫　說　明

　　《先知》一書有言：「當你無法和你的思想自在相處時，你就會說話；當你無法再居處於心靈的孤境時，你就會靠你的口舌維生，聲音成為一種娛樂和消遣。就在你大部份的言談中，思想已被扼殺近半。」[1]換言之，當人們可以和自我的思想自在相處時，即選擇以沉默不語自處。凡事一人言詮，則有主客對立，它即非絕對，唯有選擇沉默不語，思想才得以完整被保存。由此不難發現，語言與思想的關係，至為密切。

　　二十世紀，「語言」、「文字」、「符號」等等這些西哲最核心的問題，已在兩種完全不同的研究方向中，被探討得淋漓盡致。其中一個研究方向是以羅素等人為代表的英美分析學派，他們對語言的看法是，要加強、擴大語言的邏輯功能，因而竭力要求概念的確定性、表達的明晰性及意義的可證實性；另一方向則是指當代歐陸哲學，他們對語言的看法是，要全力弱化、淡

1　吉布蘭《先知》（臺南：大眾書局，1979年），頁121。

化、以至拆解消除語言的邏輯功能，因此他們強調的是語詞的多義性、表達的隱喻性及意義的可增生性。[2]儘管當代歐陸哲學家要打破語言文字所遵守的邏輯法則，但並非是要取消、否定語言的功能。現代傑出的語言學家索緒爾在《普通語言學教程》一書中說：「離開了語言，我們的思想只是渾沌一片。……思想本身恰似一團迷霧。語言出現之前絕無預先確定的思想可言，一切都模糊不清。」[3]由此看來，西方語言，最終仍是要經由語言本身來尋求突破的。他們這項主張，恰好與中國老莊玄禪的「語言觀」有本質的區別。《道德經》首篇即言：「道可道，非常道；名可名，非常名。」《莊子・知北遊》亦云：「道不可言，言而非也。」魏晉玄學家王弼首唱「忘言忘象得意」說，張韓有「不用舌論」。禪宗則有「不立文字」之說。這些學說，都反覆說明語言文字之局限性，以及「語言背後的東西」─即「道」之不可言說性，且主張破除對文字之執著，並轉向內心的體驗與修養。

　　但是，中國哲學之「不可說」並未導致哲學言說的沉默，因為儘管哲學問題大到不可言說，但並非不能言說，反而是要藉著言說去處理哲學的問題。我們面對的是一個活潑多樣的世界，它對於人類既有顯揚的一面，也有隱抑的一面。表現在語言上，就體現為未說和已說兩個方面。對於未經說出的部分，是有待於我們去掘發和創造的。至於對已說的部份，世人採兩種態度。一是採取消極重覆地說，二是提倡積極創造性地說。

---

2 參見恩思特・卡西勒著，于曉譯《語言與神話》一書之代序 ──〈從「理性的批判」到「文化的批判」。〉(臺北：久大文化、桂冠圖書公司，1990 年)，頁 134。
3 同前註，頁 134。

一件事情往往經由人們不斷重覆地言說,反倒使原本顯明的內容重新又進入模糊混沌的狀態。為此,創造性的言說就顯得極為重要。當然,已說的創造是不同於未說部份內容的創造,為了維護已說的內容,避免引起重覆言說時所造成的遮蔽現象,人們必須執行形式上的創造,因為同樣的言說內容是可以接受無限的言說形式。[4]正是在這種意義上,魏晉王弼注《易》及注《老》,郭象注《莊》,《易》、《老》、《莊》對他們而言,係提供可理解的思想材料,亦即文本。王弼、郭象是以讀者的身份,面對《易》、《老》、《莊》的原始義理結構,透過自身存在的時代體驗,進行動態的詮釋活動與理解。王弼的「得意忘言」,郭象的「寄言出意」均屬一方法上的姿態,他們擬藉對《易》、《老》、《莊》的啟發來理解自我及時代的處境,進而安頓自己的生命。[5]而理解有其語言性,但語言又無可避免有其局限性。如何超越此種「不可言傳」的局限性,而以「心領神會」的方式直探尋繹經典之內涵深蘊,這不僅僅是理解上的問題,也是方法上的問題,更是生命的問題。研究魏晉言意之辨,即是對此一系列問題的探討。

言意問題,是中國古代哲學的一個重要問題。雖發生在魏晉時代,但溯其根源,其實可前推至先秦道家之老子,而且即使在當今,言意問題仍是新而又新的哲學問題。勞思光先生在論中國哲學史的方法時,提出四種研究法,其實也是一般哲學

---

4 參見張天昱〈說「不可說」── 試析哲學言說形式與內容關係〉(北京:《北京大學學報》第一期,1991 年),頁 92。
5 參見曾春海〈魏晉玄學及臺灣近五十年來研究之回顧與展望〉(臺北:《哲學雜誌》第二十五期,1998 年 8 月),頁 46-47。

的研究方法。這四種方法為：一為系統研究法、二為發生研究法、三為解析研究法、四為基源問題研究法。所謂「發生研究法」著眼於一個哲學家的思想如何一點一點的發展變化，而依觀念的發生程序作一種敘述。[6]此法的優點，是能根據哲學家的資料理解，較為客觀；缺點則是，只見零碎片段的事實資料，較不注意思想的完整系統。所謂「系統研究法」，就是將哲學作系統的陳述，發現或建立哲學的完整架構。[7]這是一種宏觀的方法。此法優點是能完整呈現思想全體，有助於理解，且彌補發生研究法的不足。至於缺點，有兩種情形。一為哲學家的理論，有時無法避免會有些歧出其系統的觀念。單用此法的研究者，如果只注意與系統相容的觀念，這些歧出的觀念有可能就被遺漏。二為用系統研究法的學者，有時為求思想的系統化，不自覺地自行增補了原來哲學家所沒有的說法，因此造成研究的「失實」。[8]上述兩種說法，仔細說來都不能視為是「系統研究法」本身的缺點，而是研究者之態度失於主觀所致。所謂「解析研究法」，是解析哲學家所用的詞語及論證的確切意義，所根據的是客觀的分析，而非主觀意見。[9]這是一種微觀的方法。有關此法，勞先生說得較為簡單，約略提到「哲學解析」、「語法解析」等詞，大體上是指當代的「分析哲學」的方法。馮耀明先生則非常重視這種方法。他認為中國哲學雖「超」乎語言、理論、分析及邏輯等等，但要說明及證成此一觀點，卻不得不借助西方

---

6 見勞思光《新編中國哲學史》（一）（臺北：三民書局，1993 年），頁 8。
7 同前註，參頁 6。
8 同前註。
9 同前註，見頁 10。

哲學，尤其是分析哲學的方法來探討。他說：「要使中國哲學現代化、世界化，發展出一種包含著概念分析、語言分析及邏輯分析的正常話語來表述化，乃當務之急。」[10]此法優點，是對思想可以進行精確而客觀的理解，避免主觀的臆測甚至誤解。至於缺點是此方法無法提供連貫性的觀點或全面的圖象，有見樹不見林之病。[11]此法和系統研究法，在方法上是相反而相成，相得而益彰。解析研究法做得愈精確，則由此建立的系統愈周延而穩固；反之，系統的研究做得愈嚴謹，在系統中的各部分意義的解析也愈準確而清晰。[12]所謂「基源問題研究法」，主要是以邏輯意義的理論還原為始點，而以史學考證工作為輔佐，以統攝個別哲學活動於一定設準之下為歸宿。[13]上述四種方法是目前學術界在從事哲學史研究時最常使用的研究方法。

　　對於研究魏晉言意思想，筆者是依實際需要兼採各種方法。也就是說，研究者隨著探討子題對象的不同，擇取較恰當的方法作研究。如探究言意之辨的發生及發展的歷程，採用發生研究法；對於探討魏晉各家言意思想時，便轉換選用「系統研究法」或「解析研究法」。除兼採上述三種方法外，也使用了「比較法」，如老莊之「詭辭為用」、惠莊之「詭辭」、中西哲學之「不可說」、道玄佛禪之言意觀、言盡意與言不盡意等等之比較說明。筆者以「原始資料」為基礎，經由閱讀文獻，將內容

10　見馮耀明《中國哲學的方法論問題》中〈哲學的現代性與中國哲學的未來（代序）〉（臺北：允晨，1989 年），頁 23。
11　參見《新編中國哲學史》（一），頁 11-12。
12　見王開府先生〈思想研究法綜論 —— 以中國哲學為例〉（臺北：《師大國文學報》第二十七期），頁 157。
13　參見《新編中國哲學史》（一），頁 15。

及基本問題予以定位，再參酌前人研究成果，選用較合適的研究方法，並加以歸納、分析、比較，而後再加以完整地詮釋。

筆者期待能融入「實踐研究法」，因為系統、發生、解析、比較四種研究法均屬學問思辨的方法，但中國哲學是以「實踐」為進路的。而實踐的進路，正是要經由實踐的功夫來獲致真理[14]，也才能對其研究的思想有深入、真切的體悟，這就是實踐的研究法。

二、內 容 摘 要

本書主要由五章構成。首章為緒論，說明本書撰寫的動機與方法。第二章介紹魏晉言意思想的學術淵源為《老子》、《莊子》、《周易》三玄。先秦道家老子以「道可道，非常道；名可名，非常名」發其端，說明常道不可說，可說者即非常道。莊子則在繼承老子的基礎上，有言：「可以言論者，物之粗者；可以意致者，物之精也。言之所不能論，意之所不能察致者，不期精粗焉。」從言到意到道，莊子層層遞進，最後臻於「超言意」境，達到先秦道家言意思想的高峰。至於儒家《周易·繫辭傳》：「書不盡言，言不盡意」，不僅點出「言不盡意」語源之所出，更提出了「立象以盡意」之論斷。第三章析論魏晉的言意理論，如荀粲的「言象不盡意論」、王弼的「忘言忘象得意論」和歐陽建的「言盡意論」等言意思想，對其殊義及勝義進行探

---

14 參見〈思想研究法綜論 —— 以中國哲學為例〉，頁181。

討，構成本書主要內容。第四章說明「言不盡意論」對魏晉文學及佛學的影響。最後，從魏晉言意之辨之「言盡意」與「言不盡意」二論出發，對其語言所涉及的真理領域（外延真理與內容真理）及「不可說」的問題為結論。

第二章　魏晉三玄的言意思想

　　先秦思想是中國文化的總源頭，所以對亟欲創新的魏晉學者而言，他們最終仍要回歸至先秦典籍中吸取資料，藉由對先秦著作的詮釋來闡明他們的思想。「言意之辨」此一課題，早在《老子》、《莊子》、《周易》等典籍中出現，但直到魏晉學者選擇此三書作為他們思想的主要依據時，才使典籍中有關言意關係的看法受到重視，進而成為一個論題，引發人們對言意問題的關注，繼而引起廣泛的討論。在討論言意之辨的學術根源 ——《易》、《老》、《莊》三玄之前，筆者想先對言意之辨興起之本質根源 ——「品鑒才性」[1]，做簡單的說明。

　　品評人物之所以與玄學有關聯，乃是由於人之才性抽象，不易掌握。葛洪《抱朴子・清鑒篇》曰：「區別臧否，瞻形得神，存乎其人，不可力為。自非明並日月，聽聞無音者，願加澄清，以漸進用，不可頓任。」[2]湯用彤先生據此推論：「蓋人物偽似者多，辨別極難。而質美者未必優於事功，志大者而又嘗識不足。前者乃才性之名理，後者為志識之名理，凡此俱甚玄微，難於

1　牟宗三先生說：「由品鑒才性，必然有『言不盡意』之觀念之出現。此為「言意之辨」興起之直接的理由。此理由不是歷史的，而是本質的或問題的」。見牟宗三先生《才性與玄理》（臺北：臺灣學生書局，1993 年 8 月），頁 243-244。
2　見葛洪《抱朴子》四部備要本，外篇卷之二十一（臺北：臺灣中華書局，1965 年），頁 169。

辨析。而況形貌取人必失於皮相。聖人識鑒要在瞻外形而得其神理，視之而會於無形，聽之而聞於無音，然後評量人物，百無一失。此自『存乎其人，不可力為』；可以意會，不能言宣（此謂言不盡意）。故言意之辨蓋起於識鑒。」[3]此即牟先生所言「識人之難」[4]。因為人之秉賦差異性大，品行良善者未必才能佳，才能佳者又未必品行良善，而才、行兼優者又未必志識俱足。因此，當吾人在品評人物時，對於其細微玄妙處，必當細心體會，因為單憑外形是無法得其神理的。此時人物品鑒帶有些許玄意，這是只可意會，而無法言傳的。由此可見，人物品鑒，莫不是以「言不盡意」來推求名理應有之結論。從歐陽建〈言盡意論〉可讀到這樣的訊息：

> 世之論者，以為言不盡意，由來尚矣。至乎通才達識，咸以為然。若夫蔣公（濟）之論眸子，鍾（會）、傅（嘏）之言才性，莫不引此為談證。[5]

當時魏晉人士莫不引「言不盡意」為談證，可見「言不盡意」論之風行。如蔣濟著文論說「觀其眸子，足以知人」[6]，可惜其理論已佚。《世說新語·文學》提到：「鍾會撰四本論」注曰：「魏志曰：會論才性同異，傳於世。四本者，言才性同，才性異，才性合，才性離也。尚書傅嘏論同，中書令李豐論異，

3　見湯用彤〈言意之辨〉，收於《魏晉思想乙編三種》（臺北：里仁，1995年8月），頁24。
4　見《才性與玄理》，頁244。
5　見唐·歐陽詢等撰著《藝文類聚，卷十九》（文光出版社，1974年），頁348。
6　見晉·陳壽撰，宋·裴松之注《三國志》（臺北：鼎文書局，1975年），頁784。《三國志·魏書卷二十八，鍾會傳》：「中護軍蔣濟著論，謂『觀其眸子，足以知人』。」

侍郎鍾會論合，屯騎校尉王廣論離。」[7]可惜四本論亦已失傳。《三國志・傅嘏傳》亦曰：「嘏常論才性同異，鍾會集而論之。」[8]此外，劉劭在《人物志・九徵》中亦指出：「夫色見於貌，所謂徵神。徵神見貌，則情發於目。」「物生有形，形有神情；能知精神，則窮理盡性。性之所盡，九質之徵也。」[9]對魏晉人士而言，人物品評所面對的是一整全的具體的生命，他們講求透過神色顯出人物的精神生命，然而，吾人對神色的掌握，必須是建立在經驗的直觀上[10]，此「象徵的直感」是難以用語言文字精準地表達出來，所以主張「言不盡意」是很自然的事情。由此推知，「品鑒才性」乃是言意之辨之本質根源。總之，言意之辨乃是興起於魏初人物鑒識之活動，並首先以「言不盡意」的形式出現。

　　歐陽建雖主張「言盡意」，然亦知「言不盡意」自古而然。《周易・繫辭傳上》言：「書不盡言，言不盡意。」[11]此是「言不盡意」語源之所出。《老子》曰：「道可道，非常道；名可名，非常名。」[12]是說明常道不可言說，可言說者即非常道。《莊子・秋水》曰：「可以言論者，物之粗也；可以意致者，物之精也。言之所不能論，意之所不能察致者，不期精粗焉。」[13]莊子之言意境，從言（物之粗者）到意（物之精者）到道（言之所不能

7　見南朝宋・劉義慶撰、梁・劉孝標注《世說新語，文學第四》卷上之下（臺北：中華書局，1992 年），頁 8。

8　見《三國志》，頁 627。

9　見陳喬楚註譯《人物志今註今譯》（臺北：臺灣商務印書館，1996 年 2 月），頁 29、32。

10　參劉繩向《魏晉言意之辨與魏晉美學》（臺北：輔大哲學研究所碩士論文，1992 年 7 月），頁 5。

11　見《周易》十三經注疏本（臺北縣：藝文印書館，1993 年），頁 157-158。

12　見樓宇烈校釋《王弼集校釋》（臺北：華正書局，1992 年 12 月），頁 1。

論，意之所不能察致者），層層遞進，最後臻於「超言意」的層次，比「言不盡意」更進一層。牟先生言：「此是述古。」[14]由此推知，《易》、《老》、《莊》三玄應是言意之辨的學術淵源。以下試著分別說明之。

第一節　《老子》的言意觀

老子哲學之核心是「道」，研究老子的言意思想，首要之務即是要對《道德經》中「道」之義涵的把握。老子《道德經》，開宗明義即點出：「道可道，非常道；名可名，非常名。」[15]道既然不可言說，老子何以又說了五千言呢？這其間便涉及到名言與道的微妙關係。因為若能言說「道」，則「道」乃是一不可言說者的命題便被推翻；然若承認此一命題，則「道」之義涵為何之此一問題，將永遠無法獲得解答。面對如此的兩難局面，筆者試著從兩方面做說明。一方面，名言有其局限性。名言無法窮盡道的真實完整性，因此以名言來指稱大道，其實就是對大道本身的限制。但是從另一個方面來看，名言是有其工具價值意義的。名言對道家老莊而言，只是彰顯至道的權宜設施而已，因此對於至道的說解，是在不可言說中假名言為說的。因為若不假名言為說，是無法說明至道的。老子深知執定語言概念，均會使道之內涵失於一偏，而無法朗現道之全體，故他不時以「正言若反」、「以

13　見郭慶藩輯《莊子集釋》（臺北：華正書局，1989年），頁757。
14　見《才性與玄理》，頁245。
15　見《王弼集校釋》，頁1。

遮為詮」之詭辭的表達方式來反省語言文字的局限性。要言之，老子是由對語言的否定與超越，以彰顯常道之性格。

一、老子之道

「道」是老子哲學思想中最高的原理原則。老子之「道」，究竟何意？《道德經》中出現了七十四次的「道」字，以詞性分析來看，除了首章「道可道」之第二個「道」字，具有動詞的意義，作「言說」解外，其餘均作名詞。但是，這七十三個作為名詞使用的「道」，其意涵並不相同，甚至極為複雜，唯有通過章句脈絡的解讀與意義的釐析，才能確定其涵義。老子表述之「道」，依據《道德經》的章句，並參照前賢研究的成果，大體上可分為「形上之道」與「實踐哲學意義之道」兩大類。[16]「形上之道」，是指一、「萬物生化之根源之『道』」，如：「道生一、一生二、二生三、三生萬物。」[17]（四十二章，頁117）「天地萬物生於有，有生於無。」（四十章，頁110）二、「生化作用

---

16 林秀茂析道為二義，及其細目，均詳見《老子哲學之方法論》（臺北：臺大哲學研究所博士論文，1994年），頁5-7。當代學者陳鼓應先生析道為三義（見《老子今註今譯及評介》，臺北：臺灣商務印書館，1997年1月）。袁保新先生析道為三義（見《老子形上思想之詮釋與重建》，臺北：文化大學哲學研究所博士論文，1983年12月）。嚴靈峰先生析道為四義（見《老莊研究》，臺北：中華書局，1966年）。唐君毅先生析道為六義（見《唐君毅全集·中國哲學原論·導論篇》，臺北：臺灣學生書局，1993年2月）。林義正先生析道六義（見〈論先秦儒道兩家的哲學方法〉，《臺大哲學論評》第十四期，1991年1月）。以上各家學者說法並無衝突，因為「道」字之含義會隨文生義，所以不論二分、三分、四分或六分，這些分類絕非一成不變，分類僅供理解之便，實無拘泥之必要。

17 見《王弼集校釋》（臺北：華正書局，1992年），頁117。以下老子原文均從此出，不再一一標註。

沖虛無窮，以自然為法，以反為動，以弱為用之『道』」，如：「道
沖而用之或不盈，淵兮似萬物之宗。」（四章，頁 10）「反者，道
之動；弱者，道之用。」（四十章，頁 109）三、「一切事物活動
規律之『道』」，如：「天之道，不爭而善勝，不言而善應，不召
而自來。」（七十三章，頁 182）「天之道，利而不害。」（八十
一章，頁 192）至於「實踐哲學意義之道」，是為一、「人間最高
價值歸趣之『道』」，如：「失道而後德，失德而後仁，失仁而後
義，失義而後禮。」（三十八章，頁 93）「大道廢，有仁義；慧
智出，有大偽。」（十八章，頁 43）二、「人格修養的法則之『道』」，
如：「為學日益，為道日損。」（四十八章，頁 127-128）「上善若水。
水善利萬物而不爭，處眾人之所惡，故幾於道。」（八章，頁 20）
三、「政治理想實現的方法之『道』」，如：「以道佐人主者，不
以兵強天下。」（三十章，頁 78）「道常無為而無不為。侯王若
能守之，萬物將自化。」（三十七章，頁 91）《道德經》中有關
「道」的章句尚有許多，在此不一一列舉。由此可知，老子言
「道」有解說宇宙本體與生成的意味，也有垂示聖人體道的價
值論色彩。[18]

　　面對老子書中如此豐富而又歧義互見的有關「道」的描述，
究竟何者才是老子之「道」的核心概念？亦即何者才是老子之
主要關懷？大多數的人將「道」理解為「萬物所以生之總原
理」，或是「一形而上之存在的實體或實理」，此詮釋型態屬於
「客觀實有型態」。其實，視老子之道為客觀實有型態，絕非老
子首要關心之所在，因為，老子在提出形上道體時，是與其整

---

18 參李正治〈老子「超禮歸道」型的禮樂思索〉（臺北：《鵝湖月刊》第二十二
　　卷第六期，1996 年 12 月），頁 19。

個生命的價值導向關連起來，使道成為價值世界的形上基礎，而不致落在自然世界客觀的探討上。牟宗三先生因此詮釋「道」為「境界型態的形而上學」。[19]

　　究竟是「客觀實有型態」抑或是「主觀境界型態」較能扣緊老子思想的精神呢？就思想史而言，西方哲學自希臘開始，一直到現在，走的即是理智思辨的進路，哲人一講到形上學，大體都是從「存在」上講，屬於「客觀實有型態」[20]。他們對宇宙萬物，是以理性思維來架構其形上學的，並以形上學為第一哲學，而形上實體或第一因的探求便成哲學的首要課題。反觀中國哲學自始走的即是實踐的進路，道家在言形上學時，不是從客觀存有方面講，而是從主觀心境方面講，是以實踐修養來證成其形上的思考合法性。老子說：「致虛極，守靜篤。」（十六章，頁 35）人要真誠地通過致虛守靜的實踐工夫，才得以企及大道。顯然「道」不是一個形上學的觀想對象，而是價值世界的形上基礎。老子第二十五章言：「人法地，地法天，天法道，道法自然」，[21]其中「法道」、「法自然」為老子哲學的重心所在。王弼注解「法道也，道不違自然，乃得其性。法自然者。在方而法方，在圓而法圓，於自然無所違也。」[22]老子的道是法自然，無為無執的，言道的目的則是希望每一主體能保有自然純樸的本性，如此才能以無為而無不為的態度面對客體，生命才得以清靜自在。總之，老子法道、法自然的價值便是道家生命存在

---

19 見牟宗三先生《中國哲學十九講》（臺灣：學生書局，1993 年），頁 103。
20 見《中國哲學十九講》，頁 128。
21 見《王弼集校釋》，頁 65。
22 同前註。

的最高價值。所以,「客觀實有型態」的理論,無法做為解釋老子之道的全幅內容。

　　牟宗三先生將老子的形上思想理解為「實踐的形上學」或是「境界型態的形上學」,是一種基於主體修養實踐工夫之上的有關宇宙人生的解釋。[23]他進一步界定「境界型態的形上學」為「不生之生」。何謂「不生之生」?牟先生引王弼老子第十章「生之,畜之」注曰:「不塞其源也,不禁其性也。」(頁 24)來解釋「不生之生」。「不塞其源,不禁其性」即是說,順著萬物的本性,讓萬物自己生、自己長,而且讓它的源頭能開通暢流,不要把它的源頭塞死。亦即讓開一步,萬物自會生長。若能如此就等於生它了,事實上是它自己生。在道家而言,生就是不生之生,而這「不生之生」就成了「境界形態」,這也才是道家的本質、真實的意義。[24]牟宗三先生以「不生之生」講「境界形態」的形上學,與老子哲學重視實踐修養的精神相符應。是以,將老子之道,理解為「主觀境界型態」的形而上學,是較能扣緊老子思想精神之特質的。

二、道之不可言說性

　　以往老子哲學的研究似乎偏向「道」之內容的討論,忽略了「道」之超越名言的思考,這乃是就道之不可言說而言。老子《道德經》中多次表達語言不足以傳達或規範真常大道的概

23　見陳信義《老子的名言觀研究》(臺北:文化大學哲學所碩士論文,1988 年 6月),頁 27。

24　參見《中國哲學十九講》,頁 104-108。

念。如「是以聖人處無為之事，行不言之教」（二章，頁 6）、「道常無名」（三十二章，頁 81）、「道隱無名」（四十一章，頁113）、「知者不言，言者不知。」（五十六章，頁 147、148）等章句。尤其開宗明義「道可道，非常道；名可名，非常名」，更是直接點出絕對之常道、常名，不能落入言詮之中。簡要的說：道，說得出的，它就不是常道；名，叫得出的，它就不是常名。因為凡言說可及者，必是有一定範圍的事與物，即王弼所註解之：「可道之道，可名之名，指事造形，非其常也，故不可道，不可名也。」[25]指乎事，則為事所定；造乎形，則為形所限。為事所定、為形所限，則不能至於超越而普遍，而恆只是形下的可道之道、可名之名，無法進至常道、常名。是以唯有不為事所定、不為形所限，且超越言詮思辨的限制性與相對性，才是至道的存有性格，也才可作為有形有名之萬物的根源。[26]由此可知，常道具有不可言說，不可命名的特性。

　　然而，老子卻也一再地為無法言說的「道」加以描述。如：

道之為物，惟恍惟惚。惚兮恍兮，其中有象。恍兮惚兮，其中有物。窈兮冥兮，其中有精，其精甚真，其中有信。自古及今，其名不去。（二十一章，頁 52-53）

有物混成，先天地生。寂兮寥兮，獨立不改，周行而不殆，可以為天下母。吾不知其名，字之曰道，強為之名曰大。（二十五章，頁 63）

---

25 見《王弼集校釋》，頁 1。
26 見周雅清《成玄英思想研究》（臺北：臺灣師大國文研究所碩士論文，2002 年5 月），頁 90。

> 大道氾兮，其可左右。萬物恃之而生而不辭，功成不名
> 有，衣養萬物而不為主。常無欲，可名於小。萬物歸焉
> 而不為主，可名為大。（三十四章，頁 86）

可知，老子並未絕對徹底地否定名言。

老子既然著書五千言，對道「強為之名」，為何又有「名可名，非常名」的說法？他一再地強調「道不可言說」，把可道與可名，都列為道之否定，似乎言語道斷才是「道」的存在之處。兩者間看似衝突矛盾，其實不然。老子只是對「名言」有所批判，可是並沒有否定名言，老子並不是為批判而批判，為否定而否定，而是透過此一批判與否定，來「作用地保存」人間的價值根源。

只是，老子為何要批判「可道」與「可名」？亦即他是在什麼立場上批判「可道」與「可名」呢？要解決此一問題，非得回到基本課題裏去尋找線索不可。老子的基本課題是為針對「周文疲弊」而來。在當時，一些積極有為的思想與主張，都不足以解救已疲弊之周文，於是老子提出「清靜無為」的主張，藉反省正面有為的思想與作為，來「作用地保存」人間的價值秩序。

周朝的禮樂典章制度，到了春秋中葉後起了變化，變成外在化、形式化，沒有真實生命的空架子。[27]就一個完整的禮樂活動而言，「文」與「質」兩部分是缺一不可的。禮儀的規定及禮器的使用，屬於禮之「文」的範圍。然而禮樂活動要有其真實的意義，就得在參與者的主體方面有其真實的敬意，亦即必須

---

27 見〈中國哲學十九講〉，頁 89。

對於行禮對象，必須要有真的禮敬之情，否則禮樂活動便喪失其內在本質，這是屬於「禮」之「質」的範圍。孔子認為「文質彬彬」是禮樂表現最完滿圓融的一種狀態。但是周禮在當時的春秋時代後期剩下的只是一套「虛文」，競事鋪排，專事繁文，明顯表現出禮樂的浮文無質。對於這種禮樂淪為空文的現象，孔子就曾經感嘆地說：「禮云禮云，玉帛云乎哉！樂云樂云，鐘鼓云乎哉？」（《論語·陽貨》）[28]之感嘆，其中玉帛只是禮器，此乃禮之文，但當時所言之禮，卻著重在這些形式上，於是禮的內在精神喪失，不再具有真實的生命意義。孔子更發出「人而不仁，如禮何？人而不仁，如樂何？」（《論語·八佾》）[29]之深嘆。孔子以為由於人缺乏真實生命的自覺，以致生命向外追求，禮樂的本質也因而外在化、形式化。而外在化、形式化的禮樂，如果沒有人的文化理想與道德意識作基礎，是沒有價值與意義的。

　　老子反省到儒家的聖智仁義之道並沒有成功地解救「周文疲弊」之文化危機，即周文流於形式而成虛文，因此反對人文造作，希望人們走回自然的路。張起鈞先生說：「在上古之時本無仁義德禮之分，人們既不知有仁義德禮之存在，自然更不會去推崇法效。不過此刻人們雖未肯定的去為此仁義德禮，卻因其本質之為渾噩淳樸，而仁義德禮早已『在其中矣』。」[30]老子是以「返回自然，回歸於道」的思考模式來看待聖智仁義之道，他認為聖智仁義之道本來就存在於人心本質之中，自然無須以

28　《論語》十三經注疏本，（臺北縣：藝文印書館，1993年），頁156。
29　同前註，頁26。
30　見張起鈞《老子哲學》（臺北：正中書局，1980年），頁61。

特別的言說方式去推崇效法。老子的想法是當人們愈重視聖智仁義之道的時候，其實可能是聖智仁義之道已經開始失去原本面目。此時惟有回歸於自然的本心，道才能自然回歸於最初、最真之面目。因此，老子說「道可道，非常道；名可名，非常名。」即是批判儒家的聖智仁義之道，他認為儒家所說的人文之道，是可道，而非真常大道。

　　老子思想的價值走向在歸復生命的大道，亦即復歸生命的自然純樸狀態。因此儒家以聖智仁義之道作為修身治國的主張，在老子看來，不但會造成個人生命外化，而且會為社會招致大患，因此對聖智仁義之道的提倡持反對的立場。[31]老子說：「上德不德，是以有德；下德不失德，是以無德。」（三十八章，頁93）儒家的德行規範，依道家看，是下德。人們執守社會既成的道德規範，唯恐不能符合外在世俗的標準，就在執守不失中，失落了真實的自我，與生命的自然。[32]老子又說：

> 故失道而後德，失德而後仁，失仁而後義，失義而後禮。夫禮者，忠信之薄而亂之首。前識者，道之華而愚之始，是以大丈夫處其厚，不居其薄；處其實，不居其華，故去彼取此。[33]

　　老子提出生命離道而層層降轉的歷程。道、德、仁、義、禮五項是相因而遞生，離質樸愈來愈遠而愈趨文華。「仁義」雖同屬於有心的作為，且是有執有為之物，但「義」比「仁」又

31　參見〈老子「超禮歸道」型的禮樂思索〉，頁21。
32　見王邦雄《中國哲學論集》（臺北：臺灣學生書局，1986 年），頁 171。
33　見《王弼集校釋》，頁93。

退了一步，至於「禮」，則因注入了強制的成份，使人的內在精神蕩然消失，顯其生命執為的外在化。所以「禮」在老子眼中又再退一步了。王弼因此云：「夫仁義發於內，為之猶偽，況務外飾而可久乎！故夫禮者，忠信之薄而亂之首也。」[34]所謂「忠信之薄」，是指只有外在的俯仰周旋威儀之禮的表現，而內心並無實踐禮的行為內在必須具有的真實感情。例如處喪之哀，為喪禮須具有的內在的真情。若處喪不哀，則喪禮均成外在空文，而人情也成一大虛偽。這便是戰國俗儒屢被批評的內外不符的現象。為何說「亂之首」？因為若禮已成為空文，再以禮來規範天下人，則適足以桎梏人類活潑的生命，使天下人均不能歸真返樸。所以，老子不厭其煩地再次提醒人們：「大道廢，有仁義；慧智出，有大偽」。（十八章，頁 43）而且要「絕聖棄智」、「絕仁棄義」（十九章，頁 45）。

　　老子於此批判儒家的聖智仁義之道，並非完全否定儒家的人文之道，他只是求其放開與放鬆，使生命不致僵化而得自由與自在。牟宗三先生就曾對此問題提出精闢的看法。

> 道家不是從存有層否定聖、智、仁、義，而是從作用層上來否定。「絕」、「棄」是作用層上的否定字眼，不是實有層上的否定。[35]
> 老子之「絕聖棄智，絕仁棄義」，實非否定聖智仁義，而乃藉「守母以存子」之方式，「反其形」以存之也。⋯⋯「守母存子」之方式，即「正言若反」之方式，亦即「辯

34　見《王弼集校釋》，頁 94。
35　見《中國哲學十九講》，頁 133。

　　　　證詭辭」之方式。惟藉此詭辭之方式以保存聖智仁義，是
　　　　一種作用之保存，並非自實體上肯定之。[36]

　　牟先生是藉「實有層的肯定」和「作用層的否定」兩個語
詞來說明老子對聖智仁義之道的看法。儒家是正面的肯定聖智
仁義之道的存在，而道家只是順儒家所說而提，並非作正面的
肯定與否定。道家對聖智仁義之道只有一個「如何」的問題，
即是「如何以最好的方式體現之？」所謂「絕聖棄智」、「絕仁
棄義」等話語，都不是在實有層上加以否定，而是從作用層上
否定。作用層的否定，其實即作用地保存住聖智仁義之道[37]。也
就是說，「凡此所謂絕棄聖智，並不是本質的否定，而是作用的
保存；不是否定道德踐履的價值，而是開拓道德的形上根源，
來保住聖智仁義的可能。」[38]總之，老子棄絕仁義禮智的作用，
是為了保存生命的真實，他是以更高的心靈境界來體現聖知仁
義之道，而道家之「無為而無不為」之精義亦從此處透露。
　　由於老子「無為而無不為」之道是自然之道，故「可道之
道」的儒家人文、人為之道就不合於老子大道的標準。而自然
之道最佳的表達方式即在於「道隱無名」。故知「道隱無名」是
老子思想義理之必然之途。而老子所言「道隱無名」，其目的並
非否定名言，究其實，他只是憂心世人對於名言過度執著，因
而徇名忘實，遠離素樸之真常大道。因此，老子批判名言，其
最終目的是在以「作用的保存」之方式保住大道，而非否定、
取消名言。

36　見《才性與玄理》，頁163。
37　見《中國哲學十九講》，頁133-140。
38　見王邦雄《老子的哲學》（臺北：東大圖書公司，1990年），頁63。

三、老子言說之特色

　　老子不但深明道之真義，也深知人若是以有限之名言描述道，是無法契悟道之奧妙的。當然，他更清楚知道，語言文字仍然是表述道的可能途徑之一，故終究留下五千餘言，義蘊豐富，意賅言簡，留給後人無窮盡的探討。因此老子在對「道」的表達的形式上，運用了高度的語言技巧，間接地傳述玄之又玄的道理。此種言說方式，有三項特色：一是「道之譬喻」，二是「否定詞的使用」，三是「正言若反」。

（一）道之譬喻

　　《道德經》中常出現「如」、「若」、「似」、「猶」等聯結譬喻的辭項以喻道，如：

> 道沖而用之或不盈，淵兮似萬物之宗……湛兮似或存。
> 吾不知誰之子，象帝之先。（四章，頁 10）
> 綿綿若存，用之不勤。（六章，頁 16）
> 上善若水……故幾於道。（八章，頁 20）
> 天下皆謂我道大，似不肖。夫惟大，故似不肖。若肖，
> 久矣其細也夫。（六十七章，頁 170）

　　譬喻總是「意在言外」，而所傳達的意義總是超過其字面的意義，也就是說，譬喻不是以固定的，或一對一直接對應的單一概念來表達對象的。譬喻在某種意義上而言，和道一樣，都是模糊而不確定的。因而譬喻的這些特性也正可藉以表達無確

定內容而又難以掌握的道。對於道之譬喻含藏了比一般的表達
方式具有更豐富的意義積澱，這種表達方式固然無法達到認知
上所要求的精確性，但卻是人們面對無名之道時，除了常名之
表達以外，另一種充分體現語言之譬喻作用的方式。[39]以下簡單
說明老子如何透過「水」與「嬰兒」之譬喻型態以言說道。

> 上善若水；水善利萬物而不爭，處眾人之所惡，故幾於
> 道。居善地，心善淵，與善仁，言善信，正善治，事善
> 能，動善時。夫惟不爭，故無尤。（八章，頁 20）

> 天下莫柔弱於水，而攻堅強者莫之能勝，其無以易之。（七
> 十八章，頁 187）

　　水之上善在其「不爭」與「處下」。水雖被澤萬物，但卻「生
而不有，為而不恃，長而不宰。」（五十一章，頁 137）換言之，
水之得以利萬物，即在於其能「不爭」，提供空間給萬物自由伸
展之可能，只是默默的付出，而不求回報。即使是在一般人所
厭惡的環境下（「處眾人之所惡」），亦能以謙卑居下，無私地為
天地萬物之生育付出力量。而水之不爭，則因其「柔弱」之性。
水之柔在於其能方能圓，曲直隨形。故應變無窮，不膠滯，亦
表現了另一種無限制之可能性。道就像水一樣，因為「道不是
事物本身，不是事物實在體。它是通過事物的象表現出來的事
物的本性。它的作用必須靠『物形之』，實體才能顯現出來。」[40]水

---

39 見伍志學《老子語言哲學研究》（臺北：臺大哲學研究所博士論文，1995 年 6
　月），頁 53-54。

40 見拉多薩夫〈老子：嬰兒與水〉，收錄於陳鼓應編《道家文化研究》第四輯（上
　海：上海古籍出版社，1994 年），頁 61。

之隨機而變，以柔克剛，以弱勝強，正是老子以為大道之大用所在，此用亦無用之用，正所謂「無之以為用」（十一章，頁27）。其各種「用」方能表現在各種存在狀態，如「居善地，心善淵，與善仁，言善信，正善治，事善能，動善時」等立身行道的行為之中。

《道德經》言：「我獨泊兮，其未兆，如嬰兒之未孩。」（二十章，頁47）老子認為體道之人澹泊無欲，恬靜素樸的心境，沒有一絲外顯炫示之跡。而其渾然不露，正如尚未受到外界之刺激影響，仍然混混沌沌不懂得笑的初生嬰兒。老子認為，唯有人們擺脫了成年所習染之機心嗜欲，「復歸於嬰兒」（二十八章，頁74），不再競逐名利權位之時，人的生命才得以回復到原初的、本真的無知無欲之單純狀態。總之，對老子而言，有道者應該像「嬰兒」一般，因為「嬰兒」代表了生命的無邪與純真，一個純然的狀態，這就是道的狀態，也是善為道者應師法者。[41]

以上的討論顯示了道與譬喻之間的密切關係。譬喻豐富了《道德經》簡約樸質的文字，正如道雖質樸但卻奧蘊無窮，譬喻所產生之意義總超越其原本字面之意義；反言之，正因譬喻之表達方式乃闇通於道，故道之表達亦常需藉助譬喻。譬喻與道的關係實乃必然之聯結，而非偶然成之。[42]

（二）否定詞的使用

研讀《道德經》，發現文中否定詞的出現頻率很高。根據鄔

41　上述論說多參見《老子語言哲學研究》，頁 55-57。伍先生除了以「水」、「嬰兒」來隱喻「道」，尚有以「母」、「門」、「谷」來隱喻「道」的論述，可參頁 58-63。

42　同前註。

昆如先生的統計，共有五百四十五詞次的否定詞。從比較輕微的「小」、「柔」、「弱」、「寡」、「希」等，進而發展到「莫」、「非」、「不」「絕」、「棄」，一直到當作名詞用的「無」，共可分六十四個不同等級、意義有等差的否定詞。其中單「不」字，如：「不為」、「不仁」、「不爭」、「不自見」、「不自是」、「不自貴」等等，出現近二百三十七次；「無」字，如「無為」、「無欲」、「無心」、「為無為」、「事無事」、「味無味」等等，出現近九十八次。[43]「不」字與「無」字加起來，共有三百三十五字。而老子一書，總共也只有五千餘字，否定詞的使用，竟佔了百分之十六點七，亦即每百字中，即出現了將近十七字的「不」字或「無」字，這樣的比例，不能說不高。由此可知，否定詞的使用，實為老子語言哲學的一大特色。[44]

　　然而，老子否定詞的使用，並非只是單純就語言哲學立場，對語言強加否定，而是扣緊他所面對的歷史文化而來的。如前面提過「絕聖棄智」、「絕仁棄義」，就老子的思想義理觀之，可知他並非否定聖智仁義之道，而是批判地反省儒家的聖智仁義之道。王弼懂得老子用心所在，有言：「既知不聖為不聖，未知聖之不聖也；既知不仁為不仁，未知仁之為不仁也。故絕聖而聖功全，棄仁而後仁德厚。夫惡強非欲不強也，為強則失強也；絕仁非欲不仁也，為仁則偽成也。」[45]此亦即牟宗三先生所言老子是「作用地保存聖智仁義」，在作用層上否定聖智仁義，以保

---

43 參見鄔昆如〈否定詞在《道德經》中所扮演的角色〉一文，收錄於《文化哲學講錄（六）》（臺北：東大圖書公司，1995年），頁19。
44 參見《老子的名言觀研究》，頁44。
45 見〈老子旨略〉收錄於《王弼集校釋》，頁199。

住在價值層上的聖智仁義。[46]

　　總之，老子語言哲學雖多次使用否定詞，然卻有其正面的、積極的與肯定的價值意義存在。他批判假仁假義，批判人心習知的名言規範系統[47]，究其真正用心，即是：提醒人們放棄對熟知名言的執著，而回歸「道隱無名」的真常大道之中。

（三）正言若反

　　道順應自然，不造不設，好像是無所作為，其實萬物都是由道而生，恃道而長，因此，實際上是無所不為。所以老子說：「為無為、事無事、味無味。」（六十三章，頁 164）那麼如何地「為無為」呢？「無為」是「有所為」的否定，「無不為」就是「無為」的否定。老子的思維歷程是由「有所為」到「無所為」再到「無不為」；老子的思維形式是由「正」（相對之正）到「反」（相對之反）再到「大」（絕對的正）。如此，《道德經》全書充滿「似非而是」的詭辭（paradox）才得以理解。[48]

　　《老子》短短八十一章，多次運用「正言若反」之詭辭。如：

> 曲則全，枉則直，窪則盈，敝則新，少則得，多得惑。
> 是以聖人抱一，為天下式。（二十二章，頁 55、56）
> 將欲歙之，必固張之；將欲弱之，必固強之；將欲廢之，
> 必固興之；將欲奪之，必固與之。是謂微明。（三十六章，
> 頁 89）

46　見《中國哲學十九講》，頁 133-134。
47　見袁保新〈老子語言哲學試探〉（臺北：《鵝湖月刊》一四八期，1987 年 10 月），頁 15。
48　見《老子哲學之方法論》，頁 VIII。

　　曲為什麼可以全？枉為什麼可以直？「曲－全」、「枉－直」、「窪－盈」、「敝－新」、「少－得」、「多－惑」、「歙－張」、「弱－強」、「廢－興」、「奪－與」等語詞，均是相對反的概念，但老子卻主張「枉則直」、「將欲弱之，必固強之」。面對老子這類的章句，顯然用普通的常識概念幾乎是無法加以解讀的，所以被稱為「詭辭」。

　　《道德經》中，類似「曲則全」、「將欲歙之，必固張之」之類的「詭辭為用」的例子還有許多，如「明道若昧」、「進道若退」、「夷道若纇」、「上德若谷」、「大白若辱」、「廣德若不足」、「建德若偷」、「質真若渝」、「大方無隅」、「大器晚成」、「大音希聲」、「大象無形」（以上十二句，四十一章，頁 111-113）、「大成若缺」、「大盈若沖」、「大直若屈」、「大巧若拙」、「大辯若訥」（以上五句，四十五章，頁 122-123）、「正言若反」（七十八章，頁 188）等等語句。

　　老子為何不採取正面的表述方式，而使用詭辭呢？究其因，正在於老子以為名言概念不足以充份、全盡的傳述所要表達的理念。[49]簡單地說，就是名言概念有其限定性。凡欲辨解地展示形上至道與修養境界這兩種絕對真實時，其實都是不可名而強為之名的。若執意於循名責實，以為名言所表達者，即是形上至道與修養境界的意義，則此時執著於名言的絕對真實，卻也失卻了道的絕對的真實性。為了防止人們對名言傳述的執著，老子提出一帖良方，即是將用來表述絕對真實的那些概念，一一否定，經由此否定的辯證發展過程，以顯示絕對真實不落入

---

49 見莊耀郎先生〈試論道德經的生命進路〉（臺北：《臺灣師大中國學術年刊》第八期，1986 年 6 月），頁 130。

言詮之中。而老子之道之所以深奧不落言詮，其本質的意義便是以「辯證」來展現的[50]。是以老子「正言若反」的語句，牟宗三先生以為正是一種「辯證的詭辭」[51]。此「辯證的詭辭」的語言表達形式，其目的在銷融名言表相的執著以逼顯形上至道與修養境界。因為形上至道與修養境界是不可言說的，只能藉可言說的表相的銷融以逼顯之。[52]簡言之，藉由辯證的銷融，以呈顯至道與境界的圓融性。

　　經由上述的分析，老子「曲則全」等等看似衝突矛盾的句子，便可得正確的理解。「曲」，是指表相界之曲；而「全」，是指形上界之全。而「則」，則是表一辯證的圓融。老子之所以要以如此方式來表示形上真理（全），乃是因形上真理（真實之「全」）一落入言詮（「全」之概念），便非形上真理。所以必須在使用任何言說以表示形上真理之時，即同時對所使用之言說予以遮撥銷融，而後呈顯出一超越名言世界之上的最高圓融境界。而在此句中，「曲」者並非素樸地指涉表相界中一一屈曲之事物，而是帶有對表相界之「全」之銷融的意思。此銷融，不是指對表相界中某一實事實物之否定，而只是指對名言概念執著之否定，即「作用層之否定」。由此銷融，而後一不可言說之形上真理（全）才可能在吾人心中被逼顯出來。所以「曲則全」此句之意，實即：當吾人銷融掉、「曲」掉對名言概念上之全的執著之後，一真實之全才可能被吾人所肯定。[53]

50　參見《成玄英思想研究》，頁 77-78。
51　見《中國哲學十九講》，頁 142。
52　轉引自陳信義《老子的名言觀研究》（臺北：文化大學哲學研究所碩士論文，1988 年 6 月），頁 49。
53　同前註，頁 49-50。

　　總之，老子深明言語與道之間無法直接對應，但又不能不說，故採取了這種間接不著的名謂方式，藉此凸顯名言之間的矛盾與緊張，迫使心靈放棄對習知名言的執著，往上一躍，進入一個遼闊開放，不可言說的意義領域，來重新諦觀一切相對立的名言，於是乎，曲可以全，全可以曲，相反者，其實是相成者，將一切對立與矛盾渾化於不可名言的「大道」之中。[54]是以，老子詭辭的意義不在其弔詭性自身，而是藉著此一弔詭性來呈現或逼顯出名言所造成的限制與執著，而引導人的思維至一超越名言限制與破除執著的本體上。[55]

　　綜上所述，老子並不否定名言有其表意的功能，但從形上學的立場看來，名言仍有其難以表意的局限性存在。因為常道非由語言範疇所能決定，是只可意會而不可言詮的。因此，對道的認識，老子以為惟有透過「致虛極，守靜篤」之虛靜無執的修養工夫，方能體證道之精義所在。因此老子五千言中，大量使用否定詞，以及「正言若反」的詭辭，其實就是以一種「以遮為詮」[56]的方式，間接傳達隱於無言之中，或無法用一般語言表達的真常大道。也就是說，老子藉由對名言文字的否定與超越，來表達他超乎言外的智慧真理（常道）。因此，若站在《道德經》所要傳達的是「道」的立場看來，老子的言意觀點是：「常道」之「意義」，是「語言」所不能「窮盡」的。簡言之，

---

54 參袁保新〈老子語言哲學試探〉（臺北：《東吳大學哲學系傳習錄》第六期，1987 年 10 月），頁 16。

55 參杜方立〈試論老子的辯證思維〉（臺北：《鵝湖月刊》第二九四期，1999 年 3 月），頁 47。

56 「以遮為詮」：遮者，遣其所非。所謂遮詮的方式，是只從反面來表達「不是什麼」，卻不從正面來詮釋「是什麼」。見《成玄英思想研究》，頁 69。

即是：「言不盡意」之意。

第二節 《莊子》的言意觀

如果說「言不盡意」的思想在道家由《老子》萌芽，那麼《莊子》則在繼承老子的基礎上，作了全面的發展與推進，達到先秦道家言意思想的高峰。本節即試著說明莊子的言意觀。

一、道可道，亦不可道

在〈齊物論〉中，莊子為至道與名言劃定了各自的畛域：

> 夫道未始有封，言未始有常，為是而有畛也。請言其畛：
> 有左，有右；有倫，有義；有分，有辯；有競，有爭，
> 此之謂八德。六合之外，聖人存而不論；六合之內，聖
> 人論而不議。春秋經世先王之志，聖人議而不辯。……
> 故曰：辯也者，有不見也。夫大道不稱，大辯不言，大
> 仁不仁，大廉不嗛，大勇不忮。道昭而不道，言辯而不
> 及，仁常而不周，廉清而不信，勇忮而不成，五者圓而
> 幾向方矣。故知止其所不知，至矣。孰知不言之辯，不
> 道之道？若有能知，此之謂天府。[57]

莊子認為大道是無始無終、無窮無盡、無邊無際，是渾然

---

57 見《莊子集釋》，頁 83。

一體，無所不在的，所以不曾有任何封界；而人的言論多發自成見，所以是非就沒有一定。言有其界限，即在物質時空、社會人倫、邏輯名理範圍內，即左右、論議、分辨、競爭「八德」之範圍內。至多擴大至「六合之內」。六合之內，是可以言論、可以意致的現象世界。可以言論者，是物之粗也；可以意致者，是物之精也。無論或精或粗，總是不離有物之域，亦即莊子所謂之「夫粗精者，期於有形者也。」[58]天地四方以內之事理，雖是可以言論，但以天地之大，古今之異，其理亦不易盡知，所以聖人也不加以評議。而道則在「六合之外」的形而上領域。成玄英疏曰：「六合者，謂天地四方也。六合之外，謂眾生性分之表，重玄至道之鄉也。……妙理希夷，超六合之外，既非神口所辯，所以存而不論也。」[59]六合之外，是不可以言論、也不可以意致之超言絕象之至道。即便有善辯妙口者，運用再玄妙的名言、再精微的思辨，也是無法充份、窮盡至道之真實。也就是說，「至道」是無法用「名言」論說的。這一劃分，把至道與名言劃在彼岸與此岸兩界，執著於言辯者不見至道，故而真正的大道是不可稱謂，大辯是不以言語爭勝的。反之，道若顯著，便不是真道；言若巧辯，則辯不勝辯。所以「不言之辯，不道之道」方是真辯、真道，方是渾然之中無所不藏的「天府」。[60]

　關於至道屬於「無」之形上境界，因而不可命名、不可言說的觀點，在《莊子・知北遊》中隨處可見。如：「道不可致」、

---

58 見《莊子集釋・秋水》，頁 572。

59 見《莊子集釋》，頁 85。

60 參見朱立元、王文英〈試論莊子的言意觀〉（上海《上海社會科學院學術季刊》總第四十期，1994 年 12 月），頁 172。

「道不可聞」、「視之無形，聽之無聲，於人之論者，謂之冥冥，所以論道，而非道也」、「道不可聞，聞而非也；道不可見，見而非也；道不可言，言而非也」、「道不當名」、「有問道而應之者，不知道也。雖問道者，亦未聞道。道無問，問無應。無問問之，是問窮也；無應應之，是無內也。以無內待問窮，若是者，外不觀乎宇宙，內不知乎大初。」[61]這些語句，都是說明至道是不可以音聲、形色求之，因音聲、形色皆非道也。當然，至道更不允許以言詮致詰，因言說非至道也。倘若以言詮求道，則「可言可意，言而愈疏」[62]，愈是想要以言詮說解至道，勢必離至道愈遠，故莊子言「道不當名」。

　　然而，就另一方面來看，莊子又言道可道。如「行於萬物者，道也。」（〈天地〉，頁 404）「夫道，有情有信，無為無形；可傳而不可受，可得而不可見；自本自根，未有天地，自古以固存；神鬼神帝，生天生地；在太極之先而不為高，在六極之下而不為深，先天地生而不為久，長於上古而不為老。」（〈大宗師〉，頁 247）等文句。莊子之「道」是遍在於宇宙萬物，是萬物之源頭，它是永恆的，是唯一的，是無限的。

　　究竟莊子之「道」是「不可道」還是「可道」呢？對於此問題的回答，可先從其對「知識」的看法來談。莊子在知識論中提出了「可知」與「不可知」兩層域。所謂「可知」是指現實中可認知的對象或範圍，在此範圍中必以「名」（即「概念」）來表達，亦即知識不能僭越以語言概念所表達的範圍之外。故我們亦可說莊子在「名」的作用中，區分了「可名」與「不

---

61 見《莊子集釋》，頁 731、747、755、757、758。
62 見《莊子集釋・則陽》，頁 917。

可名」兩層域。[63]在《莊子·逍遙遊》提到:「名者,實之賓
也。」[64]成玄英疏其言:「然實以生名,名從實起,實則是內是
主,名便是外是賓。」[65]《莊子·外物》言:「言者,所以在
意。」[66]可知,「名言」的目的即是要將認識到的「實」及「意」
表達出來,「名言」明顯具有執著性。所以「名言」只能落實於
經驗或現象世界,亦即是說「可名」是就「可知」的「道」的種
種屬性及現象而言,諸如永恒性、遍在性,雖非吾人所可明證,
但確為吾人可意知的(至少莊子如此以為)[67],故道可道。而「不
可名」即是就「不可知」的「道」之層域來說,超越的形上世
界因無定相,具有執定性之名言便無法發揮其認識的功能。故
於此,對於「道不當名」此命題之正確理解為:本體世界「道」
是不可以名言概念去執定之。也就是說,絕對之至道,有著不可
言說,超越言說的性質,是無法經由語言此一途徑而獲得。經
由「可知」與「不可知」兩層域之認識,可知莊子「可道」與
「不可道」彼此之間,非但沒有衝突矛盾,反而是相輔相成的。

　　莊子基於語言不完備的理由,以為「道不可道」。語言文字
之表達,必有所指涉,此指涉必有固定的對象。因此,一旦有
所指涉,即在整個宇宙中造成掛一漏萬之現象。即使使用了全
稱量辭,仍然是無法對一切的一切作一清楚的描述,此為言語
在量上的困難。再者,通常人們使用語言文字,乃是表述一般

---

63 見簡婉君《莊子一書中有關「語言」問題的初步探討》(臺北:輔大哲學研究
　　所碩士論文,1991 年 5 月),頁 37。
64 見《莊子集釋》,頁 24。
65 同前註,頁 25。
66 同前註,頁 944。
67 見何保中《莊子思想中道之可道與不可道》(臺北:臺大哲學研究所碩士論文,
　　1982 年 6 月),頁 106-107。

知識，言語活動乃心知活動之表徵，然而此表徵永遠只為表徵，無法全然無誤地將人內心之意念表達出來，即言不能全等同於「意」，而且還可能錯表了「意」。再加上語言文字乃出自人之口手，一言一字之產生，其背景盡是不同，隨著表達者所處之時、空等等情境的改變，而使得表達之內容多有轉變，令人難以掌握，此為言語在質上的困難。由於以上質與量的困難，使得吾人之言語無法精確深入之表達，尤其是在對於「至道」之描繪上，產生極大的困擾。倘若人們執著語言以求大道，則必定徒勞無獲，而且吾人心靈生命也因而受其桎梏，故而言不如默，道不可道。至於道之可道又有何意義呢？如果不知莊子之道是永恆存在，人們必會執持其片刻之偶然而以為宇宙之永恆實然，而形成諸多層次不等之「成心」，而此成心是會戕傷吾人之靈府的。因此，唯有通曉莊子之道之流變現象永恆存在，才能將自己放大心量，並與萬物「道通為一」。如此，「常心」方可烘顯[68]，吾人的生命方得安頓。

　　「知人之所為者，以其知之所知以養其知之所不知。」[69]人之所為，必須以其所知以養其所不知，也就是說以能道之道，來安頓人心，而勿競進於不可道之道的領域。因此，人們一方面要知道有道之存在，另一方面，又要不斷提醒自己，避免陷溺道之不可言詮致詰的部分。因此，兩者缺一不可，故言莊子之道，可道，亦不可道。

68　參見《莊子思想中道之可道與不可道》，頁 19、115、116。
69　見《莊子集釋》〈大宗師〉，頁 224。

二、言意三部曲

　　當清楚莊子「道」與「名言」的關係後，便可直探其言意觀。在〈天下〉篇中莊子說關尹、老聃的道術是「以本為精，以物為粗」[70]，成玄英疏：「本，無也；物，有也。用無為妙，道為精；用有為事，物為粗。」[71]粗精的關係即道與物、無與有、跡與所以跡的關係。道下墮於物，乃是以粗寓精。雖則「精」寓於「粗」，卻不可以「粗」代「精」，假若拘執於物，則無法得其道。在〈秋水〉中，粗精問題還有另一層意思，即認為「粗」、「精」都是「有」，而「道」則在精、粗之外。[72]

　　　　夫精粗者，期於有形者也；無形者，數之所不能分也；
　　　　不可圍者，數之所不能窮也。可以言論者，物之粗也；
　　　　可以意致者，物之精也；言之所不能論，意之所不能察
　　　　致者，不期精粗焉。[73]

　　莊子將「意」一分為二：一為知性名理範圍內之「意」，二為形上超驗領域之「意」。在知性名理範圍內，「意」又分二層：一為小知對「物之粗者」的感知，二為大知對「物之精者」的認識。所謂「物之粗者」，在莊子看來，必然是具體的、有形有名的，故可以用概念性的語言加以指涉；而「物之精者」，所謂

70　同前註，頁 1093。
71　同前註。
72　吳曉菁《王弼言意之辨研究》（臺北：政大中文所碩士論文，1995 年 6 月），
　　頁 131-132。
73　見《莊子集釋》，頁 572。

「小之微」，是只可意會而不可言傳的。至於形上超驗領域之「意」，是「言之所不能論，意之所不能察致者」，其所以能如此，則在於其無形可滯，無名可執，故能超越於言象之表，而介於有意與無意、有形與無形之間。[74]關於此點，莊子於〈天道〉舉了「輪扁斲輪」的故事加以說明。

> 桓公讀書於堂上。輪扁斲輪於堂下，釋椎鑿而上，問桓公曰：「敢問，公之所讀者何言邪？」公曰：「聖人之言也。」曰：「聖人在乎？」公曰：「已死矣。」曰：「然則君之所讀者，古人之糟魄已夫！」桓公曰：「寡人讀書，輪人安得議乎！有說則可，無說則死。」輪扁曰：「臣也以臣之事觀之。斲輪，徐則甘而不固，疾則苦而不入。不徐不疾，得之於手而應於心，口不能言，有數存焉於其間。臣不能以喻臣之子，臣之子亦不能受之於臣，是以行年七十而老斲輪。古之人與其不可傳也死矣，然則君之所讀者，古人之糟魄已夫！」[75]

輪扁以自己斲輪的經驗為例，說他自己在斲輪中能心手相應、不快不慢、恰到好處，是心靈有所體悟之故，而此體悟是「口不能說」，亦即「言不可傳」也。所以輪扁不能喻其子，其子亦無法受之於輪扁。此寓言，所欲傳達的要旨有二：一、讀書人應當超越前人所留下來的語言文字，以掌握藏在語言文字背後之前人的真精神。因為語言文字固然無法完全記載聖人之所聞、所見、所感，而企圖透過語言文字去了解聖人之意或他

74　《王弼言意之辨研究》，頁 132。
75　見《莊子集釋》，頁 491。

所契會的「道」，也無異於緣木求魚。[76]二、人生崇高的精神、境界，是只能透過身心來自覺、自證，而不能靠客觀法式的傳授。猶如揣摩斵輪之疾徐之道，應用之妙，得全憑個人體會。而此「體會」是只能「得之於手而應於心」，是口不能言，筆不能載，故可自悟，而不可傳授。所以各人應通過一番自覺自證的工夫去成就、把握崇高的精神，而不能向外有所依賴。[77]因此，輪扁據此推論：古聖人體道之意，其精微的義理，必定是不能透過任何語言文字傳達於後人；若是可以，那就必定不是悟道之精華，而只能算是滯於「物」之「糟魄」而已。因為「道」本身原是「不可道」的，凡不可道之道，善言者即使道之，亦非真道。於此，莊子語重心長地說：

> 世之所貴道者，書也。書不過語，語有貴也。語之所貴者，意也。意有所隨，意之所隨者，不可以言傳也。而世因貴言傳書。世雖貴之哉，猶不足貴也，為其貴非其貴也。[78]〈天道〉

　　莊子是將書、語、意、意之所隨者，四者依其粗精層次作排列。其中「書」、「語」指文字語言，而「意」與「意之所隨者」之「意」的意義截然不同。前一「意」指「語」所含之「意」，可能與「語」相吻合，這是可能被清楚表述的，似可界定在「盡物」之「意」的範圍內，歸屬於形下名理的範疇；後一「意之

76　見《王弼言意之辨研究》，頁131。

77　參見周美吟《張湛「列子注研究」》（臺北：臺灣師大國文研究所碩士論文，2001年6月），頁98。

78　見《莊子集釋》，頁488-489。

所隨者」，乃是指體道之「意」，超驗之「意」，此意，往往隱微不彰，故無法言說，不可傳達，因而是言不能盡的。在此有一點須留意的是，莊子以為語言文字是「不可以」表達「意之所隨者」，而非是「不足以」表達而已。「不可以」是完全不可能；「不足以」則指表達得不完善、不窮盡而已。

　　莊子在處理言意問題時，將「意」一分為二。「語之所貴者，意也」及「可以意致者，物之精也」，兩者「意」應為形下名理範圍內之「意」。在此意義上（也只有在此意義上），我們可以說莊子主張「言盡意」論。但仔細探究「意有所隨，意之所隨者，不可以言傳也」一句，此「意」則屬形上超驗領域，此意不可言說，言亦無法盡意。在此意義上，莊子又是「言不盡意」論者。如果我們進一步思索「言之所不能論，意之所不能察致者，不期精粗焉」等文字內容時，我們可看出莊子其所「貴」的，並非「言」，也非「意」（此指形下名理範圍內之「意」），而是在超越「言」、「意」之外的一種無形可滯，無名可執的直覺體驗或感悟，亦即是道。

　　綜合上述所論，我們或許可以如是說：雖然莊子承認在形下名理範圍內「言可盡意」，但若從莊子哲學之道「無」之本體論來看，「言不盡意」論才是他主要的言意思想。至於「超言意論」，莊子僅是開其端，所以著墨並不多。然而，此論卻是《莊子》整部書所要傳達之重心所在，而且，此論也帶給魏晉玄學言意命題新的發展，如荀粲的「象外之意、繫表之言」之「言象不盡意論」，王弼的「無稱之言」、「得意忘言」，郭象的「寄言出意」，入於「無言無意」的理境，甚至，後來佛教所謂的「離言說相，離心緣相」及禪宗所言的「言語道斷，心行路絕」，在

論述上皆深受莊子「超言意論」思想的影響。

　　至此，我們可以看出，莊子的確在繼承老子言意觀的基礎上做了進一步的發展與充實。然而，莊子言意觀最具卓見且遠遠超越老子的，乃是其「得意忘言」論。〈外物〉結合說理與譬喻，說到：

> 筌者所以在魚，得魚而忘筌；蹄者所以在兔，得兔而忘蹄；言者所以在意，得意而忘言。吾安得夫忘言之人而與之言哉！[79]

　　成玄英疏其義：「此合喻也。意，妙理也，夫得魚兔本因筌蹄，而筌蹄實異魚兔，亦猶玄理假於言說，言說實非玄理。魚兔得而筌蹄忘，玄理明而名言絕。」[80]筌、蹄分別為釣魚、捕兔之工具，其目的在於得魚和兔。一旦得到魚兔後，即可忘卻筌蹄之工具。莊子以「言」為「筌蹄」，是「得意」之工具，所以得意後應即忘言，也就是說，得其玄理後就不應再滯泥、拘執於語言。

　　現就「得意而忘言」句申述之。得意之「意」，當是超乎知性言詮之外，是指體道、悟道之意，屬形上超驗的層次。「而」字的使用並不具有強制的意向，它毋寧是富於轉圜餘地的柔性字眼，表明「得意」之後自然而然的趨勢。「忘」字最單純的解釋是忘卻，進而可謂不拘執、不黏滯，更進則具有工夫、境界之義，即所謂「坐忘」。人要得「道」的關鍵在於「忘」，「得意」

---

79 見《莊子集釋》，頁 944。
80 同前註，頁 946。

的關鍵就在「忘言」。[81]忘言之「言」，則屬形下名理之言，是指日常的知性語言。體道之意與知性語言畢竟屬於不同領域，因此「忘言」當是指「知性語言」不能詮釋「體道之意」，人們應隨說隨掃，不拘執固守於工具或表象，亦即惟有超脫一切外在形式，才能把握住事物的本質。〈外物〉篇接著又說：「吾安得夫忘言之人而與之言哉？」此句豈不矛盾？既然已經說是「忘言之人」，何以又說要「與之言」？其實在莊子看來，他單純的希望能與出入於言意之表，而不為名言所黏滯之「忘言」之人，以默識心通的「無言之言」的方式與之神交。[82]總之，在莊子「得意忘言」此命題中，「忘言」是「得意」的必要條件，亦即只有不拘泥一切外在形式，而以空明之心觀照萬物，方可掌握事物本質，亦才能進入「道」的境界。所以「得意」後不但可以「忘言」，而且是一定要「忘言」的，此乃「得意忘言」之真義。玄學思辨的天才王弼乃承繼莊子「得意忘言」的思想成果，在《周易略例・明象》對言意問題作了更完整、更有系統的闡發。

　　莊子言意思想從「言盡意」到「言不盡意」，再轉而為「得意忘言」，層層遞進，最後進入「超言意」的境界，而此境界正是莊子「自然無為」的生命哲學境界。

三、詭辭為用

　　承上文，莊子認為「道不當名」且「得意」須「忘言」。因此當他試圖要表達「不可道」的世界時，勢必要採取某些特別

81　見《王弼言意之辨研究》，頁130。
82　同前註。

的表意方式，此即「謬悠之說，荒唐之言，無端崖之辭」[83]之「詭辭」。如：

> 今且有言於此，不知其與是類乎？其與是不類乎？類與不類，相與為類，則與彼無以異矣。(〈齊物論〉，頁 79)
>
> 今我則已有謂矣，而未知吾所謂之其果有謂乎？其果無謂乎？(〈齊物論〉，頁 79)
>
> 天地與我並生，而萬物與我為一。既已為一矣，且得有言乎？既已謂之一矣，且得無言乎？一與言為二，二與一為三。(〈齊物論〉，頁 79)

　　莊子自覺地問自己的言說較一般之是非成見的言論，是「與是類」抑或是「與是不類」？或者意識到自己的言說應屬「有言」抑或「無言」？而且他既然「與萬物為一」，則他應當是「無言」或「忘言」的，但是既然言「與萬物合為一體」之「一」，則是否已經落入「有言」之弔詭中呢？[84]此即莊子「自我指涉」之弔詭。

　　自我指涉之弔詭的基本問題結構，最早是出現於古希臘人「說謊者的弔詭」[85]，有一個名叫埃彼梅尼德的人，他是所有克利特人的一分子，可是他卻說了一句，包括自己在內的陳述句 ── 「所有克利特人都是說謊者」 ── 因為此陳述句是全稱命題之形式，故必然會涉及自己是否為陳述句中所肯斷的情境

---

83 《莊子集釋》，頁 1098-1099。

84 林永崇《莊子弔詭語言之研究 ── 一個比較哲學之探究》(臺中：東海哲學研究所碩士論文，1986 年 5 月)，頁 7。

85 參岑溢成〈老子之基本概念 ── 語意的悖論〉(臺北：《鵝湖月刊》一一五期，1985 年)，頁 30-31。

（如說謊）。在此種陳述的結構中，若肯定「所有克利特人都是說謊者」此陳述句為真，乃表示屬於克利特人的埃彼梅尼德說了一句真話，亦即有一克利特人不說謊話，如此則推翻了原來的陳述句，而「所有克利特人都是說謊者」此陳述句反而為假了。反之，若肯定「所有克利特人都是說謊者」為假，乃表示克利特人所作出的陳述一定有些是真的。但若之前設定克利特人所作的其它一切陳述都是謊話，而所有謊話均等同於假的陳述，則必推得埃彼梅尼德自己的陳述句「所有克利特人都是說謊者」為真。如此，使我們陷入矛盾之中。

　　上述說謊者之弔詭是屬於自我指涉之弔詭，此「自我指涉」（self-reference）一詞在西方哲學的用法中，含有「自我矛盾」（self-contradiction）之意。只是「自我矛盾」一詞過於強烈，不適合指謂道家之問題及其解答。老子所謂「道可道，非常道；名可名，非常名。」此一詭辭，實包含了一種「自我指涉」的特質。此即「道可道、非常道」亦包括在「道」的範圍之內。於是五千言道德經之「可道」，推得應為「非常道」，可是，老子所揭櫫的應該是「常道」，則如此已「道」的五千言如何保住「不可道」的「常道」呢？莊子「無言之言」亦是如此，「無言」之境既是不可「言」的，一旦有「言」，則與「無言」有所不合。亦即，「無言」理應不能作任何之「言說」，但莊子之「言」顯然違背了「無言」之意。此種不合或違背則亦涉及到「自我指涉」之意。[86]西哲維特根什坦亦在自己的書中，自覺地提出此種自我指涉之弔詭的情境。如：

86　見《莊子弔詭語言之研究 —— 一個比較哲學之探究》，頁6、14、44。

我所說以上諸命題依以下的樣式足以充作使事物明白的
一種說明，即：任何人，他若了解我，他最後將確認我
的那些命題為無意義，當他已使用它們作為階梯向上攀
登以越過它們時。（如普通所謂在向上攀登已越過梯子後，
他必須捨棄那梯子。）
他必須超離這些命題，如是，他將會正確地看世界。（6.54）
凡我們所不能說者，我們必須在沉默中略過。（7）[87]

維氏認為只有我們了解了語言的邏輯結構之後才能看到世
界，但語言的邏輯結構有如階梯，而正確地看到世界則要「爬上
梯子之後，必須將梯子扔掉。」所以維氏認為他整部書最終是悖
謬的，必須如梯子扔掉一樣，可是，他畢竟言說了整部書。他
同老莊均面臨了所說的整部書究竟對「言說」而言，是應該「
言說」或者不應該「言說」。如果是「言說」，但他們整部書是
不能「言說」，是「無言」的。（老子一書是「道可道，非常
道」，莊子一書是「無言之言」，維氏是「不能說者」。）相反的，
如果是不應該「言說」，可是他們卻都「言說」了整部書。（老
子一書是「道可道，非常道」的「道」，莊子是「無言之言」的「
言」，維氏是「不能說者」的「說」。）三者之如此情況，即是
屬於自我指涉之弔詭。[88]

另一方面，莊子書中也出現非以自我指涉之弔詭視之的詭
辭。如：

87　見牟宗三先生譯維特根什坦之《名理論》（譯者之言）（臺北：臺灣學生書局，
　　1987年），頁159。就在此意義下，此即莊子與西哲之詭辭在形式之特性上均
　　為相同的，而就內容言之，中西語言哲學是有其差異性的。
88　參見《莊子弔詭語言之研究 —— 一個比較哲學之探究》，頁8、45。

未成乎心而有是非，是今日適越而昔至也。是以無有為有。（〈齊物論〉，頁 56）

彼是方生之說也，雖然，方生方死，方死方生；方可方不可，方不可方可；因是因非，因非因是。（〈齊物論〉，頁 66）

天地一指也，萬物一馬也。（〈齊物論〉，頁 66）

天下莫大於秋豪之末，而大山為小；莫壽於殤子，而彭祖為夭。（〈齊物論〉，頁 79）

自其異者視之，肝膽楚越也；自其同者視之，萬物皆一也。（〈德充符〉，頁 190）

莊子天下篇所列名家惠施的歷物之意，即「合同異」之說，與上述文句有相似的論題：

至大無外，謂之大一；至小無內，謂之小一。無厚，不可積也，其大千里。天與地卑，山與澤平。日方中方睨，物方生方死。大同而與小同異，此之謂小同異；萬物畢同畢異，此之謂大同異。南方無窮而有窮，今日適越而昔來，連環可解也。我知天下之中央，燕之北越之南是也。泛愛萬物，天地一體也。[89]

我們不能說某一經驗對象即是大而且又是小，或是說某對象即是生同時又是死，若果真是如此，則「大－小」、「生－死」、「天－地」、「山－澤」、「無窮－有窮」等這些命題必定均無法成立。換言之，如果將「天下，秋豪之末」、「生，死」、「天

---

[89] 《莊子集釋》，頁 1102。

地，萬物，我」、「壽，夭」、「肝膽，楚越」視為經驗世界之相對概念，則於莊學義理乃不可理解而反而成為怪說了。就在此意義下，即莊子與名家之詭辭在形式之特性上有著相似之處，即二者之詭辭均非落於一名一實的經驗對象上而言。[90]所謂「形式」亦即不涉及詭辭之內容義理而言。究其詭辭之哲學義理內容而言，兩者有其差異。

　　惠施以「至大無外」來規定「大一」，以及以「至小無內」來規定「小一」，是一種「形式的規定」或「邏輯的規定」。[91]亦即是無論經驗事實上有否可能存在「無外」的「大」或「無內」的「小」，而總是可能給予形式上的界定。而莊子關於「大－小」的問題，乃是由「道」之境界上而超越此大小，以致達「不可思議之渾一」的理境而言。又惠施言「物方生方死」是要化除生死的對立差別。他把一些相異的觀念皆予以化除，如「天－地」、「山－澤」，其目的就在於由此而達到「氾愛萬物，天地一體也」的目標，這也是他「合同異」的最後理想。莊子也說「天地與我並生，而萬物與我為一」，可見兩人的目標是相同的。表面看起來二者似乎差不多，且莊子說「彼是方生之說也」，雖是借惠施的「方生之說」而從生死、可不可的對偶性不能成立來平齊萬物，但莊子是從玄理的立場來談的，而惠施則是名理地談。[92]牟宗三先生從「名理」與「玄理」之區分的架構以展示兩者的不同。

　　　惠施之談大同異是名理地談，亦是客觀地談；而莊子則

90　參見《莊子弔詭語言之研究 —— 一個比較哲學之探究》，頁 21、27。
91　見牟宗三先生《名家與荀子》（臺北：臺灣學生書局，1985 年），頁 6。

　　進一步，是玄理地談，亦是主觀修證地談。莊子之心靈固根本不同于惠施，但惠施之名理確可啟發莊子之玄理。名理與玄理之間有相當之距離。即就本條言（案：即小同異及大同異），吾人尚不能完全以莊子玄理之合同異解惠施名理之合同異也。名理之合同異，最後還是有同有異。其所合者至多是相對的小同異。絕對的同與絕對的異仍不能泯滅也。[93]

　　牟先生認為「名理之合同異」與「玄理之合同異」仍有相當之距離。惠施歷物之意的詭辭中「天之高」、「地之卑」或「山與澤之平或不平」乃是順吾人依約定俗成而有的虛概念，這些虛概念之所以為虛概念，即是人們不必然一定要如此指謂不可。依此，惠施之詭辭的合同異，乃是就指謂經驗現象所約定俗成的虛概念而言，其內容是由泯除因比較而顯之上下高低之差別相所顯之思理。而莊子之詭辭的合同異，其內容是由主觀修證之逍遙無待且齊物之理境，此境界下所朗現的乃是一切渾化而無上下高低等差別相可言的世界。[94]總之，前者是名理地談，後者是玄理地談，二者的思路與理境上並不一致，我們不能完全根據惠施來解釋莊子之詭辭的「合同異」之說。

　　莊子書中「詭辭為用」的表達方式，或許也有不與名辯之詭辭有何相應關係。如〈齊物論〉中：「夫大道不稱，大辯不言，大仁不仁，大廉不嗛，大勇不忮。」的命題方式，即和老子第四十五章「大成若缺，其用不弊；大盈若沖，其用不窮。大直

92　見《中國哲學十九講》，頁 210-211。
93　見《名家與荀子》，頁 17-18。

若屈，大巧若拙，大辯若訥。」就相當類似，皆是表面上看似衝突悖理且不易理解的詭辭。前面提過，老子「正言若反」的語句，牟先生以為是一種「辯證的詭辭」，即是運用辯證的思維所成就的表意方式。所謂辯證法的思維方式是：正反之對立是對于「原始諧和（Primary harmony）」的否定，經由自覺（如道德活動之自覺）而成的破裂（schism）就表示這個否定。但是正反對立是暫時的，必須對於正反對立進行第二次之否定，此為對立底統一，在統一中言銷融（reconciliation），而達再度諧和（Secondary harmony），而此種正反合的辯證發展，是一個無限的繼續。[95]可知，透過「否定的否定」後之「再度諧和」的境界，就是徹底的無執無著的境界。因此，為彰顯這無執無著的境界，就須運用「辯證的思維」，因為辯證的思維即是為了袪除成心的執著。[96]

至此，我們回到前舉「大辯不言，大仁不仁」等之詭辭。「大辯」或「大仁」是對「辯」或「仁」的第一次否定的「正反對立」，而非「圓融統一」，因此要解消（融化）對立，就必經「大辯」或「大仁」的第二次否定，而達至一較高境界，此較高境界即是「絕對無限之境界」。換言之，「大辯」和「大仁」的境界是可以銷融「辨」與「不言」及「仁」與「不仁」間之矛盾。所以，莊子「大道不稱，大辯不言，大仁不仁，大廉不嗛，大勇不忮」此段詭辭，乃是為導引出生命中「不言之辯，不道之道」

---

94 參見《莊子弔詭語言之研究 —— 一個比較哲學之探究》，頁 30、35。

95 參見牟宗三先生《理則學》，頁 271-279。

96 參林鎮國〈莊子的語言哲學及其表意方式〉（臺北：《幼獅月刊》第四十七卷第五期，1978 年 5 月），頁 22。

的「天府」。而此「天府」自是無法以「大辯、大仁、大廉、大勇」等稱謂之，故必須「詭辭為用」。總之，莊子運用詭辭之意，其所指涉者，實是與「道通為一」自然無為的生命境界。[97]

老莊表意的特殊方式同為詭辭，即遮即顯，祛惑去執，而臻至玄同無待之境。但兩者表達的方法有異。牟宗三先生說：「老子採取分解的講法，莊子採取描述的講法」。[98]老子是「分解的講法」，則「系統整然，綱舉目張。種種義理，種種概念，皆連貫而生，各有分際」。[99]依跡冥論之旨，老子的「分解相」即是顯現為一種「跡」。老子「詭辭為用」的分解相十分明顯，故其書中顯示的「跡」亦愈明顯。依此，則老子的表達方式是無法圓成「跡而無跡」或「即跡即冥」的。所以稱老子的言說是「辯證的詭辭」乃十分確當。然而，莊子的表達方式，誠如牟先生所說：「則隨詭辭為用，化體用為一。其詭辭為用，亦非平說，而乃表現。表現者，則所謂描述的講法也。彼將老子由分解的講法所展現者，一起消融於描述的講法中，而芒忽恣縱以烘托之，此所謂表現也。」[100]換言之，莊子圓化了老子之「詭辭為用」，而運用了「描述的講法」。牟先生且認為「在此漫畫式的描述講法中，正藏有『詭辭為用』之玄智。」此處「詭辭為用」指的是「無理路之理路」，亦是「大混沌、大玄智、大詭辭」。此所謂「大詭辭」即是要與老子之「詭辭」有所區別。牟先生進一步說：「此大詭辭之玄智，如再概念化之，嚴整地說出，便是

97　參見《莊子弔詭語言之研究 —— 一個比較哲學之探究》，頁 75、85。
98　見《才性與玄理》，頁 175。
99　同前註。
100　同前註，頁 176。

一種『辯證的融化』（Dialectical reconciliation）。『詼詭譎怪，道通為一』。無成無毀，無有無無。『俄而有無矣，而未知有無之果孰有孰無也』。（齊物論）此之謂辯證的融化。老子是概念的分解，莊子是辯證的融化。而『辯證的融化』卻是藏在謬悠、荒唐、無端崖之芒忽恣縱之描寫中。」[101]牟先生言「辯證的融化」可理解為莊子之「無言之言」之境，經過再否定之辯證之後，「言」與「無言」不再是正反對立或主客對立之關係，而達至「再度諧和」，故言「辯證的融化」。[102]無論是老子的「辯證的詭辭」，或莊子的「辯證的融化」，兩者的弔詭型態均不屬於知識範圍的問題，而是屬於實踐的、智慧的學問，亦即是生命的學問。

　　綜上所述，莊子言意觀上承老子，也是從形上學的背景出發，從「言不盡意」到「得意忘言」，進而開出「超言意」思想的境界。「言不盡意」是莊子對語言表達困境的深刻理論。面對言說無法盡意的困境，莊子試圖使用如「三言」的特殊言說方式，通過「謬悠之說，荒唐之言，無端崖之辭」之「詭辭」，希冀聽聞主體能對語言本身的注意轉移到所寓之意的領悟上來。莊子消解「莊語」的言說方式，顯然為「得意忘言」的閱讀方法提供了一種可能。[103]藉著「得意忘言」，人們將不再執著於語言文字本身，而著重在語言文字外之形上本體或審美意識。簡而言之，即是聽聞主體將重心放在領悟道體或體會美感上面。

　　莊子提出「得意忘言」的方法，來面對且超越「言不盡意」

101　同前註。

102　見《莊子弔詭語言之研究 ── 一個比較哲學之探究》，頁87。

103　李貴、周裕鍇〈語言：筌蹄與家園 ── 莊子言意之辨的現代觀照〉（四川：《四川師範大學學報》第二十四卷第一期，1997年1月），頁67。

的困境。由此可知，兩者或有某種程度上的關係。「言不盡意」論是言說主體欲以言表意而終難達成；「得意忘言」論則是聽聞主體欲借言來得其意，而一旦得意後，則可忘言。若將兩者聯繫起來，即是由意到言，再由言復歸意的循環過程。此二者密切關聯，在理論上可視為一個整體：不僅同屬「形上本體範疇」之論題，而與「形下名理範圍」為論題之「言盡意論」有所區隔，而且兩者之「意」皆屬「體道」之義，均是以「默會」的方式，得其真理。

　　莊子言意觀既開啟魏晉玄學命題的新發展，又影響中國的審美理論。就其前者而言，如荀粲的「象外之意、繫表之言」之「言象不盡意論」，王弼的「忘言忘象得意論」，郭象的「寄言出意」，入於「無言無意」的理境，在論述上均受莊子「言不盡意」或「得意忘言」的影響，且進一步得到新的闡發。就後者而論，如司空圖的「韻外之致」、嚴滄浪的「言有盡而意無窮」、王世禎的「神韻說」和袁枚的「弦外之音」，無一不是以莊子的「言不盡意」與「得意忘言」為其立論基柱。舉凡中國的文學、繪畫、音樂、雕刻、書法等藝術作品，人們雖無法藉由一般語言得到美感經驗，卻可透過豐富的「形象性」盡「意」體「道」，以達無限的美感體驗。由此得知，莊子的言意學說對魏晉玄學，乃至整個中國美學產生了深遠的影響。

四、言意美學

　　《莊子》書中很少單獨討論有關美學的問題，但並不意謂

莊子無美學思想。李澤厚提到:「他(莊子)的美學同他的哲學
是渾然一體的東西,他的美學即是他的哲學,他的哲學也即是
他的美學。這是莊子美學一個突出的特點。」[104]葉朗也說:「《莊
子》的美學是和他的哲學緊密聯繫的。」[105]究竟兩者是如何地
內在聯繫,李先生進一步地說:「莊子認為那永恆無限、絕對自
由的宇宙本體 ── 『道』是一切美所從出的根源。莊子論『道』
同時也是論美。他從不離開『道』去論美。他的美學同他的本
體論是不可分離的。」[106]「美」的最高根源是「道」,是以《莊
子》一書凡涉及美的部分,其實是蘊涵於豐富的哲學思想,即在
「道」中。我們可從莊子的言意觀點中找到有關美的痕跡,說明
《莊子》的美學是和他的哲學緊密聯繫。

(一) 審美的意涵

美感是一種審美的情操,審美是一種直覺性的觀照。所謂
直覺性的觀照,乃指見到事物,心中只領會其形象或意象,不
假思索、不先分別、不審意義、不立名言。[107]審美既是直覺性的
觀照,人們若試圖以語言文字說明美是何物,終究難竟其功。

莊子〈知北遊〉明確敘述著宇宙天地真正美好的事物,往
往是無法以言語形容的。

> 天地有大美而不言,四時有明法而不議,萬物有成理而

---

104 李澤厚、劉綱紀《中國美學史》(臺北:谷風出版社,1986 年),頁 259-260。

105 葉朗《中國美學的發端》(臺北:金楓出版社,1987 年),頁 162。

106 李澤厚、劉綱紀《中國美學史》,頁 274。

107 朱立元、李鈞主編《二十世紀西方文論選》【上卷】節選《美學原理》,克羅
　　齊原著,朱光潛翻譯(北京:高等教育出版社出版,2003 年),頁 72。

不說。聖人者，原天地之美而達萬物之理，是故至人無
為，大聖不作，觀於天地之謂也。[108]

　　莊子以為任何關於美的言論都無法相稱於天地大美。天地
（自然）的真實無妄，四時運行的客觀秩序，萬物生長化成的
規律，都是「不言」、「不議」、「不說」，展現一種無言而化的大
美。就莊子而言，天地即自然，即為道。所謂的「觀於天地」，
其實就是觀道，在觀照這天地之道的同時，冥合了這大美不言
的境界。所以我們也可以說，《莊子》所說的天地的大美，其實
就是道。就道的本體看，它是客觀存在的，最高的，絕對的美。
就精神主體看，聖人觀道、體道的時候，才契入了「大美」的
境界。[109]而此「大美」的境界是「意（道）之所隨者，不可以
言傳也」、「言之所不能論，意之所不能察致者，不期精粗焉」，
用以說明語言無法表現大美的境界。

　　既然「大美」的境界是無法以一般指事稱物的概念語言表
達清楚，那麼在傳達上，莊子為人們示範了寓言、重言、卮言
與弔詭之辭等非一般言說的表意方式。[110]除此之外，莊子「技
中見道」，藉著技術，彰顯道趣，而且透過心領神會的觀看方式
去感悟天地大美。這種特殊的觀看方式，就是「美的觀照」，透
過「美的觀照」，體現「大美」的境界。

　　《莊子》有許多「技中見道」的寓言。[111]在〈達生〉中「梓

---

108 《莊子集釋》，頁735。
109 林世奇《莊子美學思想研究》（臺北縣：淡江大學中文研究所碩士論文，1998
　　年），頁49。
110 林翠雲《莊子「技進於道」美學意義之探究》（中壢：國立中央大學中文研
　　究所碩士論文，1992年6月），頁20。
111 《莊子》有數則「技中見道」的寓言，如〈養生主〉中的「庖丁解牛」，〈天
　　道〉中的「輪扁斲輪」，〈天運〉的「黃帝答北門成問咸池之樂」，〈達生〉中
　　的「痀僂者承蜩」、「津人操舟若神」、「紀渻子為王養鬥雞」、「呂梁丈夫之游
　　縣水」、「梓慶削木為鐻」、「工倕旋而蓋規矩」，〈田子方〉中的「宋元君將畫

慶削木為鐻」，梓慶先是「未敢耗氣，必齊以靜心」，使心神凝定後，進入由不敢懷「慶賞爵祿」（即〈逍遙遊〉之「無功」）、到不敢懷「非譽巧拙」（即〈逍遙遊〉之「無名」），最後進入「輒然忘吾有四肢形體也」（即〈逍遙遊〉之「無己」）之創作歷程。此歷程與〈人間世〉、〈大宗師〉「心齋」、「坐忘」的修道歷程如出一轍。在〈養生主〉的庖丁是以「神遇而不以目視，官知止而神欲行」來解牛。目視是指感官知覺直接作用於物，而神遇則是指對於所欲解之對象「牛」完全視而不見，聽而不聞，視聽等感官活動與物接卻不受物之牽引，表面看起來，似乎感官都停止了活動，即所謂「官知止」。也就是說，庖丁解牛之際，眼耳感官未停滯於牛身，而是以「內在感官」來「觀看」對象，即「以神遇」、「神欲行」。[112]庖丁之所以能以「神遇」觀看到一般人所看不見的存在，其因在於他的肉眼之官能知覺已為「心眼」之精神直覺所主導，而不致阻礙其「觀照活動」。[113]是以庖丁與牛之間能夠渾然無礙的互相融合，臻至「遊刃有餘」的境界。在庖丁出神入化的技術之後，文惠君贊言：「善哉！技蓋至此乎？」庖丁應曰：「臣之所好者道也，進乎技矣。」可知，庖丁的「技」已經超越一般的「技」而進入「道」的領域。值得一提的是，庖丁有如此高度技巧的獲得，乃是歷經十九年來長期經驗累積的成果。同樣地，在〈天道〉「輪扁斲輪」的寓言中，輪扁更是長達七十年的積累經驗，才可能製造出完美的作品。輪扁斲輪時「得手應心」，「手」隨「心」轉，此「心」與庖丁

圖」、「列禦寇為伯昏無人射」、〈知北遊〉中的「大馬之捶鉤者」等等。本節只就三則寓言加以說明。

112 林翠雲《莊子「技進於道」美學意義之探究》，頁101。

113 同前註，頁102。

「神遇觀看」之「心眼靈覺」乃為同一境界，也就是由「技」入「道」的境界。以上所舉之例，不論是梓慶之削木，庖丁之解牛，抑或是輪扁之斲輪等等最出神入化的技術創作，都是合於道的，其創作經驗均是無法言說，亦無以傳授，學習者必須透過自身實踐，心領神會的歷程，始能有所感悟。是故，「技術」的創作活動，雖為「不能言、傳之道」，卻能以「默契神會」的方式，呈現道體之美境。

最後有一點必須說明的是：莊子並非刻意追索技術活動之種種，他只是透過「技術」寓言來彰顯道趣，使人們在技中體會道的真義。此乃莊子「技中見道」之初衷。

（二）審美的態度

莊子思想中「得意忘言」之「忘」等同於「虛」的態度。唯有抱持「虛而待物」的胸懷，才不致執著於語言，才有可能超越語言之上以體道。而這個超越語言之上的意義，也只有在「心領神會」（即「虛」）當中實踐達成。可知「忘」的方式，「虛」的態度，乃莊子體道之途徑。

莊子〈人間世〉有言：「唯道集虛，虛者，心齋也」[114]，〈達生〉亦云：「必齊以靜心」[115]，人要體道悟道，必須達到虛靜境界，唯有讓主體心靈進入虛靜狀態，才能真正進入至美至樂的境界，而其主體心靈也在此體悟中，得到無限的自由。[116]莊子

---

114 《莊子集釋》，頁147。
115 同前註，頁658。
116 黃萍〈莊子美學的生命意義〉，（四川：《西南民族大學學報》總二十五卷第八期》，2004年8月），頁197。

有言：

> 萬物無足以鐃心者，故靜也。水靜則明燭鬚眉，平中準，
> 大匠取法焉。水靜猶明，而況精神！聖人之心靜乎！天
> 地之鑑也，萬物之鏡也。夫虛靜恬淡寂無為者，天地之
> 平而道德之至，故帝王聖人休焉。休則虛，虛則實，實
> 則備矣。[117]

莊子以水為喻，以為水靜尚可明燭鬚眉；人心虛靜，更可以鑒照天地萬物。所謂虛靜，就是要排除所有對主體心靈攪擾的因素，使精神主體保持虛靜空明的心理狀態。如何達到虛靜空明的心理狀態？莊子以為「休」也。成玄英疏曰：「休慮息心」[118]，惟有使心靈處於休慮息心的狀態，才能使心靈虛靜空明；也惟有以虛靜空明的心靈，滌除欲念的干擾，超脫世俗的牽累，人才能體悟真實完備之道，且自在地與天地往來，觀賞、領受天地大美。莊子以為要達到虛靜狀態，審美主體必須具備「心齋」和「坐忘」的態度。《莊子》對「心齋」與「坐忘」有相關論述，以下即依次分述之。

1、心 齋

在《莊子·人間世》，莊子透過孔子與顏回的對話，對「心齋」這一個修養工夫，做了詳細的描述：

> 若一志，無聽之以耳而聽之以心，無聽之以心而聽之以

---

117 《莊子集釋》，頁457。
118 同前註，成玄英疏：「既休慮息心，乃與虛空合德；與虛空合德，則會于真

氣。耳止於聽，心止於符。氣也者，虛而待物者也。唯道
集虛，虛者，心齋也。[119]

　　莊子先提出心神專注（一志），繼而將吾人面對外界事物
的心靈運作方式，分為「耳」、「心」與「氣」三個層次。真
正的心齋主體，不僅要擺脫外在感官之欲望，更要將內在心知
的主觀偏執加以消解，而專以「氣」為主。

(1)無聽之以耳

　　人與外界接觸，必須透過眼、耳、鼻、口、身等感覺器官。
莊子此處只言「耳」，應是舉偏以概全，舉耳以包括一切外在
的感官知覺，因為「六根惟聲塵最徹，故此獨以聽言之。」[120]「無
聽之以耳」，並非要人摀住耳朵，拒絕接收外在事物。畢竟「目
欲視色，耳欲聽聲，口欲察味」[121]是人與生俱來的能力。莊子
之所以強調「無聽之以耳」，是他意識到人之感官在與外界接
觸時，若不能持守感官作用的分際，而任其濫用不加節制，則其
感官知覺所引起之欲望，惟恐「失其性命之情」。[122]此即莊子
所云：

　　　　夫失性有五：一曰五色亂目，使目不明；二曰五聲亂耳，
　　　　使耳不聰；三曰五臭薰鼻，困惾中顙；四曰五味濁口，

　　實之道；真實之道，則自然之理也。」頁460。
119　《莊子集釋》，頁147。
120　宣穎《南華經解》（臺北縣：藝文印書館，1974年），頁101。
121　《莊子集釋》，頁1000。
122　同前註，頁317。

　　　使口厲爽；五曰趣舍滑心，使性飛揚。此五者，皆生之
　　害也。[123]

　　　人若毫無節制，耽溺於聲色欲望之追逐，終將造成「天然機
神淺鈍」[124]，不僅使人失其正常的感知能力，更將遮蔽吾人自然
淳真之天性。是以，莊子主張以「無」的工夫，以「自聞」、「自
見」[125]的方式，「遺其耳目」[126]，使主體由外在的感官作用，提
昇至內在的心靈作用。透過內視省察，保全生命的自然狀態，而
不致淪為感官知覺的奴隸。

(2)無聽之以心

　　　莊子所言之「心」，是指具有統轄認知、情緒與意志三者
功能的心。心就事理進行思辨、分判，而有了知識的活動，此
即「心知」的作用。心知的作用對主體具有舉足輕重的主導地
位。人喜怒哀樂等情緒之起伏，和人對是非價值判斷意志之抉
擇，無一不受到心知作用之牽引。假若心知之進行，是以理性
方式（即心不起分別作用）進行思辨，則情緒與意志必能有合
宜的表現。反之，則人將受困於情緒與意志之牢籠中。前面所
謂「心知」以「理性」的方式進行思考，是指主體在對所屬客
體進行思辨時，人心不起分別作用。若是有了分別的心，就有
了「成心」。有了「成心」，人各是其是，人各非其非。一旦

---

123 同前註，頁 453。
124 同前註，頁 228。〈大宗師〉：「其耆欲深者，其天機淺。」成玄英疏云：「夫
　　耽耆諸塵而情欲深重者，其天然機神淺鈍故也。」
125 同前註，頁 327。〈駢拇〉：「吾所謂聰者，非謂其聞彼也，自聞而已矣；吾
　　所謂明者，非謂其見彼也，自見而已矣。」
126 宣穎：《南華經解》，頁 196。「自聞自見，遺其耳目，收視反聽。」

有了「是」、「非」之別，就不免衍生無窮盡之二元相對概念。
莊子則是以道超越相對概念：

> 以道觀之，物无貴賤；以物觀之，自貴而相賤；以俗觀
> 之，貴賤不在己。以差觀之，因其所大而大之，則萬物
> 莫不大；因其所小而小之，則萬物莫不小。知天地之為
> 稊米也，知毫末之為丘山也，則差數覩矣。以功觀之，
> 因其所有而有之，則萬物莫不有；因其所无而无之，則萬
> 物莫不无。知東西之相反而不可以相无，則功分定矣。
> 以趣觀之，因其所然而然之，則萬物莫不然；因其所非
> 而非之，則萬物莫不非。知堯、桀之自然而相非，則趣
> 操覩矣。[127]

　　事物的貴與踐、大與小、有與無、然與不然、是與非，皆
為相對之存在，只有道，才是絕對地存有。人們應以「移是」
之觀點，跳脫是非、人我等等二元相對之思考模式，進入道之
絕對境界。「移是」是移轉執著成見之「是」：

> 請常言移是。是以生為本，以知為師，因以乘是非；果有
> 名實，因以己為質；使人以為己節，因以死償節。若然
> 者，以用為知，以不用為愚；以徹為名，以窮為辱。移是，
> 今之人也，是蜩與學鳩同於同也。[128]

　　世人常固執擇取片面之「是」（如好生、好知、好名、好
用），排斥片面之「不是」（如惡死、惡愚、惡辱、惡不用），

127　《莊子集釋》，頁 577、578。
128　同前註，頁 807。

而以之為不可動搖之信念，於是就引發如好生惡死、好知惡愚、好名惡辱與好用惡不用之二元相對的情形。人若執著二元相對之知識系統，陷溺人我之間的分別與比較，主體精神如何能自由？倘若能「移是」，則死不必驚懼，無用未必愚昧；倘若能「移是」，二元對立消弭，萬物無有彼我是非之別，而能各得其自然之定分。

是以，莊子「無聽之以心」，就是要對有分別作用之「成心」加以消解。希望主體能超越成心，以「移是」之觀點，以虛靜明，不起分別作用之心靈，觀照、順應世間萬物。

(3)聽之以氣

從「無聽之以耳」到「無聽之以心」，再到「聽之以氣」，莊子說明人不僅要破除外在感官的限制，也要掃蕩內在心知的偏執，更重要的是要以「氣」來順應萬物。「氣也者，虛而待物者也。」成玄英疏：「氣無情慮，虛柔任物。故去彼知覺，取此虛柔，遣之又遣，漸階玄妙也乎！」[129]「虛而待物」的「虛」，即是「無」，即是「遣」，人們以掃蕩遣除的方式，去除心知上的障蔽，遣「成心」為「無心」，以無執無著的虛心觀照世間萬物，由此達到物我兩忘的境界，並進而契會自由的美感體驗。「虛而待物」之「氣」不起分別作用，無偏執成見，是一種虛而涵容萬物，空而容納萬有，開放自由又多元無限的心靈境界。這正是陳鼓應先生所言：「心和氣並非截然不同的兩種東西，心靈通過修養活動而達到空明靈覺的境地稱為氣。換言之，

---

129 同前註，頁147。

氣就是高度修養境界的空明靈覺心。」[130]是以，人從感官知覺的耳目開始，再進到具有主導個體生命的心知，最後以宇宙萬物生命根源之「氣」來導引人心，使心靈達到空明靈覺，不起分別作用的境界，實現對道的觀照。由此看來，心齋之「氣」，已從物質性之氣提昇為人的精神境界。

　　莊子對美的觀照從審美主體出發。他主張審美主體應處於無心無為的自然狀態，以虛靜的心靈修為，遣除心知成見，方能回歸萬物的本性。反之，若以成心的角度欣賞萬物，「就不能從有限的一花一草一木一山一水中把握宇宙無限的生機，就不能得到審美的愉悅。」[131]而此去除心知成見（即「虛」）的工夫，即是「心齋」。

　　徐復觀先生對「心齋」有精闢之論述：

> 達到心齋的過程，主要是通過兩條路。一是消解由生理而來的欲望，使欲望不給心以奴役，於是心便從欲望的要挾之中解放出來，這是達到無用之用的斧底抽薪的辦法。因為實用的觀念，實際是來自欲望，欲望解消了，用的觀念便無處安放，精神便當下得到自由。另一條路是與物相接時，不讓心對物作知識的活動，不讓由知識活動而來的是非判斷給心以煩擾，於是心便從知識無窮的追逐中得到解放，而增加精神的自由。……莊子的「墮肢體」、「離形」，實指的是擺脫由生理而來的欲望。「黜聰明」、「去知」，實指的是擺脫普通所謂的知識活動。二

130　陳鼓應《老莊新論》（臺北：五南圖書，1995 年），頁 177。
131　葉朗《中國美學的發端》，頁 169。

者同時擺脫，此即所謂「虛」，所謂「靜」，所謂「坐忘」，
所謂「無己」、「喪我」。[132]

　　心齋過程看似兩條路，實則一連續路徑，「心」為其樞紐，
且須經兩層修養工夫。一是「墮肢體」、「離形」，此和「無聽之
以耳」是同一層次；一是「黜聰明」、「去知」，則和「無聽之以
心」是同一層次。經由此修養工夫，欲望得以從心消解，心知
亦不受是非價值判斷所昏擾。而「墮肢體」、「離形」、「黜聰明」、
「去知」等修養工夫，正是莊子在〈大宗師〉所言之坐忘內容。
其具體內容，於後說明。

　　總而言之，心齋是掃蕩遣除外在的感覺，以及內在主觀的
偏執（即成心）之後的超越觀照。這當是莊子體道過程中重要
的修養工夫，也是其美學思想所由發展的關鍵性憑藉。

2、坐　忘

　　「心齋」是虛而待物，放棄成心，以開闊視野，多元觀點，
展開自我內在心靈的自由 。而「坐忘」則是主體由自我走向「同
於大通，與道為一」的境界。至於，如何達到「坐忘」的境界？
莊子在〈大宗師〉有言：

　　　　顏回曰：「回益矣。」仲尼曰：「何謂也？」曰：「回忘仁
　　　　義矣。」曰：「可矣，猶未也。」他日，復見，曰：「回
　　　　益矣。」曰：「何謂也？」曰：「回忘禮樂矣。」曰：「可
　　　　矣，猶未也。」他日，復見，曰：「回益矣。」曰：「何

---

132 徐復觀《中國藝術精神》（臺北：學生書局，1992 年），頁 72-73。

謂也？」曰：「回坐忘矣。」仲尼蹴然曰：「何謂坐忘？」
顏回曰：「墮肢體，黜聰明，離形去知，同於大通，此謂
坐忘。」[133]

　　人必須經由忘仁義、忘禮樂，以及離形去知三個修養的進
程，才能達到「大通」的道境。「仁義」是儒家最高的道德行
為標準，是形諸於內在的規範；至於「禮樂」已經形諸外在的
人為規範。是以先忘其內，後忘其外，也就是先超越內在的規
範（忘仁義），後超越外在的規範（忘禮樂）。

　　在〈大宗師〉裡，莊子以為不忘仁義，人無以逍遙。

意而子見許由。許由曰：「堯何以資汝？」意而子曰：「堯
謂我：『汝必躬服仁義而明言是非。』」許由曰：「而奚來
為軹？夫堯既已黥汝以仁義，而劓汝以是非矣，汝將何
以遊夫遙蕩恣睢轉徙之塗乎？」[134]

成玄英疏其言：

夫仁義是非，損傷真性，其為殘害，譬之刑戮。汝既被
堯黥劓，拘束性情，如何復能遨遊自得，逍遙放蕩，從
容自適於變化之道乎？[135]

「仁義則成乎心而有是非」[136]，人因實行仁義道德而有了是非
判斷，有了是非判斷，就不免在二元相對系統的爭端裡損傷自

---

133 同前註，頁 282-285。
134 同前註，頁 279。
135 同前註。

然天性。是以，惟有超越內在規範的枷鎖，才能復歸人性本真，此謂「忘仁義」。

　　「忘仁義」之後為「忘禮樂」。《禮記‧曲禮上》記載：「夫禮者，所以定親疏，決嫌疑，別同異，明是非也。」[137]《莊子‧馬蹄》：「澶漫為樂，摘僻為禮，而天下始分矣。」[138]因著禮樂之設施，而有了親疏、是非、異同等二元概念的分別與比較。有了分別與比較，就不免會有得失與好惡，得失好惡縈繞於心，心焉能平靜安適？是以，欲求心靈自由，非得先超越外在規範的束縛，此謂「忘禮樂」。

　　莊子在超越內、外規範之後，繼而透過顏回的言論，說明人經由「離形去知」的修養歷程，可以超越自我感官與心知的束縛，達到精神上的自由境界。所謂「離形」即為「墮肢體」，是屬於外在形軀的感官知覺，是指人從對感官生理欲望的追求中鬆解開來；而「去知」即為「黜聰明」，是屬於內在心知的活動，是指人應從各種是非得失的比較和思慮中求其懸解，使心知能以「徇耳目內通而外於心知」[139]的方式展開身體的活動。當「離形」、「去知」同時完成之時，則可「同於大通」而達「坐忘」的境界。「坐忘」一詞，在〈齊物論〉中也有類似的描述：

　　　　南郭子綦隱机而坐，仰天而噓，荅焉似喪其耦。顏成子
　　　　游立侍乎前，曰：「何居乎？形固可使如槁木，而心固

136　王夫之《莊子解》（臺北：里仁書局，1995 年），頁 69。
137　《禮記》，十三經注疏本，（臺北縣：藝文印書館），頁 14。
138　《莊子集釋》，頁 336。
139　《莊子集釋》，頁 150。

可使如死灰乎？今之隱机者，非昔之隱机者也。」子綦
曰：「偃，不亦善乎，而問之也！今者吾喪我，汝知之
乎？」[140]

「形如槁木」猶如「墮肢體」、「離形」，以及心齋所言「無
聽之以耳」；「心如死灰」則猶如「黜聰明」、「去知」，以及心齋
所言「無聽之以心」。而所謂「吾喪我」，「吾」即真我，「我」
是偏執的小我。「喪我」是喪我執。我執有兩層意義，一是對於
我外在形軀上的執著，一是對於我內在心知上的偏執。是以，「喪
我」猶如「坐忘」中之「離形」與「去知」。而「吾喪我」的「喪」，
「黜聰明」的「黜」，「墮肢體」的「墮」，「離形去知」的「去」
等字，皆與坐忘之「忘」義相類，它們皆非只就單純的否定意
義來解讀，而是指人與物相接當下的超越。它們不僅具有掃蕩
遠離的工夫義，更有其主觀超越的境界義。

由此可知，「得意忘言」之「忘」，是指不執著於語言本身，
而是以「虛而待物」的態度，體悟言外之意。而且透過「忘言」
所鋪設的言外之意，不僅解決言詮上之困境，亦達到精神上之
絕對自由，並可由此進入至美至樂的境界。而此精神自由、至
美至樂的境界，莊子稱之為「遊」。

（三）審美的境界

「遊」是莊子思想的出發點及其歸宿點，是指心靈的自由
與逍遙。此自由與逍遙，並非是踰矩的的自由與放任的逍遙。
莊子所指的自由與逍遙境界，只能是在精神世界裡去求得的，

---

140 同前註，頁 43、45。

因此，惟有透過心齋、坐忘的修養工夫，才能尋得絕對的精神自由與逍遙。是以，「忘」是「遊」的絕對先決條件，「遊」是「忘」的必然提昇。若未歷經「忘」的工夫，就不可能有真正的無牽無掛，自由灑脫的「遊」；而不提昇到自由自適之「遊」的境界，「忘」便失去其「主觀超越」的意義。約而言之：能忘即能遊，能遊在於忘。

1、相　忘

　　「忘」首次出現於〈齊物論〉：「忘年忘義，振於无境，故寓諸无境。」[141]忘年是指超越生死，忘義是指超越是非。人若能從生死、是非之二元相對觀念中超拔出來，視生死如一、是非不二，我們的生命就能寄寓在無窮廣闊的精神境界中。由此可知，莊子所謂的「忘」，作為一種修養工夫來說，即是「不起分別，不落兩邊」。不起分別，是指在面對現實困境時（究極而言，特別是在「生死」關頭），主觀精神的超越。不起分別，就不致落入生與死、是與非之相對兩邊的比較與對立。超越相對的兩邊，以安適不執滯的心靈，遊於無窮之境。在〈大宗師〉裡有段文字論述，更明白清楚地顯示了這種主觀精神的超越。

　　　　泉涸，魚相與處於陸，相呴以濕，相濡以沫，不如相忘於江湖。與其譽堯而非桀也，不如兩忘而化其道。……魚相造乎水，人相造乎道。相造乎水者，穿池而養給；相造乎道者，无事而生定。故曰：魚相忘乎江湖，人相

---

141 同前註，頁108。

忘乎道術。[142]

　　莊子描寫魚在泉水乾涸中，與其彼此相互噓吸濕氣，相互吐出唾沫，以延續彼此生命，不如彼此「相忘乎江湖」。在這段文字論述中，莊子是藉魚來比喻人間的困境，及其相互解困的情景。人執著於仁義禮智，是非生死，就好似受困於乾涸泉水中的魚。與其用類似「濕沫」的標準去稱譽堯舜，而非議桀紂，倒不如將善惡，是非，生死，彼此兩忘且融於大道，以大道來超越是非、超越生死。此即莊子所言「魚相忘乎江湖，人相忘乎道術。」魚相適於水，人相適於道，這是理所當然的存在自然。然而，魚在江湖之中，人在方外之道，是否就真的是所謂的圓融至極？魚悠游於江湖，如果清楚自己置身其中的樂趣，那就表示魚其實是明白「相呴以濕，相濡以沫」的痛苦；人不也是一樣嗎？人遊於方外之道，是自在自得的，然而，若心中仍保有方內方外的想法，那麼，這份自在自得就絕非真實地存有。是以，莊子提出「相忘乎道術」，就是要人們於忘仁義、忘是非、忘生死之後，就連道術亦要一併忘去。人相忘於道術，即能以「相與於无相與，相為於无相為」[143]的相忘方式，不計較、不干擾、不攀援、不相膩於心，自然無為，「登天遊霧，撓挑無極，相忘以生，无所終窮？」[144]超然物外，逍遙無待，遊心於無窮。

2、遊　心

---

142 同前註，頁 242、272。
143 同前註，頁 264。
144 同前註。

　　莊子所強調的心齋、坐忘的工夫，是要人培養一個開放的心靈，從受困封閉的心靈中超拔出來，從而獲得精神上的自由安適。這種精神自由的境界，莊子稱之為「遊」。

　　《莊子》一書，「遊」與「心」常連在一起使用。如「乘物以遊心」〈人間世〉[145]，「遊心乎德之和」〈德充符〉[146]，「遊心於淡」〈應帝王〉[147]，以及「遊心於無窮」〈則陽〉[148]。由此看出，莊子遊心於道，是對外在客觀的條件採取順應的態度，以自由的心靈，超越形軀感官的有限性，悠遊於天地之間。在莊子筆下「至人神矣！大澤焚而不能熱，河漢冱而不能寒，疾雷破山，飄風振海而不能驚。若然者，乘雲氣，騎日月，而遊乎四海之外。死生无變於己，而況利害之端乎？」[149]「至德者，火弗能熱，水弗能溺，寒暑弗能害，禽獸弗能賊。」[150]至人、至德者，不畏雷風，不懼水火，並非指其形軀肉體，而是指內在精神，不受拘束，沒有負擔。正因精神不為外物所役，才得以在人間世中，以自由多元活潑的方式，拓展心靈的視野。

　　〈田子方〉有言：「老聃曰：『吾遊心於物之初。』孔子曰：『何謂邪？』曰：『心困焉而不能知，口辟焉而不能言。』……孔子曰：『請問遊是。』老聃曰：『夫得是，至美至樂也，得至美而遊乎至樂，謂之至人。』」[151]「吾遊心於物之初」之「物之

---

145 同前註，頁 160。
146 同前註，頁 191。
147 同前註，頁 294。
148 同前註，頁 892。
149 同前註，頁 96。
150 同前註，頁 588。
151 同前註，頁 712-714。

初」是指作為萬物本根之「道」，是以「遊心於物之初」即為「遊心於道」。「遊」與「道」二者關係密切，「遊」是「體道」後的精神境界，「道」則是「遊」之本體根源。體道的境界，就是至美至樂之極致，亦即是遊。所謂「乘道德而浮遊」〈山木〉[152]，則在說明「遊」必須與「道」（即自然）渾融為一。自然無為之道是遊之自由的根本保障，而人的自由則是以「得其道」為前提。是以，唯有心齋坐忘，才能當下超脫，得其道；唯有體道悟道，才能得其自由，得其遊。

天地有大美而不言，所謂的「大美」，一是指「道」之性格的「形上美」，一則為主體生命之美感直覺，二者均為超越世俗的「絕對性」的「美」[153]，此「美」無法言喻。是以，莊子藉「技中見道」以及特殊之表意方式，彰顯道趣，體會「大美」的境界。而此境界之達成是必須透過「忘」的方式及「虛」的態度，才能徹底擺脫主觀情執與知見束縛，達到精神上絕對的自由，得其生命之逍遙。

基本上，語言文字即是筌與蹄。筆者藉筌蹄說明莊子之言意美學，在「得」其旨趣後，「忘」其筌蹄，隨說隨掃，以心領神會的方式進入莊子的生命。

第三節　《周易》的言意觀

---

152 同前註，頁 668。
153 孫中峰〈莊子之「道」與「藝術精神」的關係 —— 對徐復觀、顏崑陽先生論

　　先秦儒家中最早明確提出關於人類思維過程中言意關係理論的是《周易・繫辭傳》。[154]而首先於「言意」間引入「象」此範疇的也是《周易・繫辭傳》。其上傳說：

> 子曰：「書不盡言，言不盡意。」然則聖人之意不可見乎？
> 子曰：「聖人立象以盡意，設卦以盡情偽，繫辭焉以盡其言，變而通之以盡利，鼓之舞之以盡神。」[155]

　　王船山注云：「書，謂文字；言，口所言。言有抑揚輕重之節，在聲與氣之間，而文字不能別之。言可以著其當然，而不能曲盡其所以然，能傳其所知，而不能傳其所覺。」[156]人們心中的意念想法，往往無法用言語貼切地表達出來，至於用書寫記載下來的文字，更是有隔靴騷癢之困境存在。因此，對「聖人之意」的理解，更是難上加難。這裡的「聖人之意」的「意」，已非先前所提人們心中的想法，而是指《周易》所論述的易理。前後兩個「意」字，意思不同，兩者不容混淆。既然語言文字

點的評述與商討〉（花蓮：《東華中國文學研究》創刊號，2002 年 6 月），頁74。

154 當代學術界一般認為，在先秦哲學中最早比較明確提出言意關係理論的，在儒家是《易傳》，在道家則是《莊子》。朱立元先生在其〈先秦儒家的言意觀初探〉一文中則指出有關言意理論的源頭應往前追溯，道家可上溯《老子》，儒家則可探源至孔子。朱先生認為儒家言意觀在基本方面是主張「言盡意」論的，肯定在日常知性思維範圍內，名實言意之間有較大的一致性，言能盡意，辭可達意；但也初步發現在涉及形上超驗領域時，則日常名理邏輯語言就難盡其職了，語言與意旨之間就呈背離狀態，辭不能達意，言難以盡意，從而在一定範圍內承認了「言不盡意」論也有某種合理性。參朱立元〈先秦儒家的言意觀初探〉（北京：《中國哲學史》，1994 年 9 月），頁 49-54。

155 《周易》，頁 157-158。

156 見王夫之《船山易學集成：周易內傳》（臺北：河洛圖書出版社，1974 年 12月），頁 518。

不能窮盡表達出聖人的思想，聖人之意該從何體現？〈繫辭〉假借孔子之言，以問答的方式提出了「立象以盡意」之論斷。何謂象？總觀《周易》全書，其「象」是指卦爻象和卦爻辭中提到的事象，或指自然現象及其秩序和規律，如「聖人設卦觀象，繫辭焉而明吉凶。」「觀乎天文，以察時變；觀乎人文，以化成天下。」「聖人有以見天下之賾，而擬諸其形容，象其物宜，是故謂之象。」[157]古聖王伏羲創制八卦符號，用此符號之象表達聖人深奧的思想。《周易・繫辭下傳》提到：「古者庖羲氏之王天下也，仰則觀象於天，俯則觀法於地，觀鳥獸之文與地之宜；近取諸身，遠取諸物，始作八卦，以通神明之德，以類萬物之情。」[158]就是「聖人立象以盡意」的具體過程。聖人觀照天地萬物，欲將心中所感之意念表達於外，因有感一般語言文字有其局限性，無法充分窮盡表述的功能，故設置符號性的卦爻畫象，希望利用其特有的活潑徵象性，來彌補一般語言文字的不足，以求能夠充分窮盡其意。也就是說，在一般語言文字不能解釋和把握聖人深奧的思想面前，「象」的設立無疑是具有開創性的。

　　然而，易傳所謂的符號式之卦爻畫象，雖具有高度的開放性，可以馳騁人們的想像力，但在想像的世界裡，沒有固定的標準，沒有確切的答案，只有可能性，所以其卦爻畫象也相對地具有一定的模糊性。於是聖人另創製卦爻辭，繫於卦爻象之後，以詮釋象的意涵。此即易傳所謂的「極天下之賾者存乎卦，

---

157 見《周易》，頁158。
158 同前註，頁166。

鼓天下之動者存乎辭。」[159]戴璉璋先生於《易傳之形成及其思想》一書中，對上述這段文字提出「對於事物的複雜性，他（製作卦文之聖人）通過卦而用象徵的方式來表示；對於事物的變動性，他通過爻而用繫辭的方式來表示」[160]的看法，意圖藉由卦爻象及卦爻辭來涵容天下事物的複雜性與變動性。通觀孔子這段文字內容，是指聖人之意唯有通過卦爻畫象才能傳達給後人，而對於卦爻符號又只能通過卦爻辭來了解。於此，對於聖人之意，卦爻辭是無法直接論說的，卦爻畫象則是一般語言文字到聖人之意的橋樑。[161]換言之，《易傳》透過「象」傳達聖人之意，建構了「立象以盡意」的第二語言系統的框架。[162]

　　總之，「言不盡意，立象以盡意。」是《周易》的言意觀。如果說首先於「言」、「意」間引入「象」此範疇的是《周易·繫辭傳》，那麼在中國易學史上，對「言」、「象」、「意」三者的關係發揚光大且論述最充分的，莫過於是魏晉時「幼而察慧，年十餘，好老氏，通辯能言」[163]的王弼。王弼的言意思想，詳

---

159 同前註，頁 158。

160 見戴璉璋《易傳之形成及其思想》（臺北：文津出版社，1989 年），頁 152。

161 參蒙培元《中國傳統哲學思維方式》（杭州：浙江人民出版社，1993 年 8 月），頁 273。

162 見孟慶麗《試論先秦時期中國古代言意觀的建構和言意之辨的濫觴》（中國：蘇州大學中國古代文學博士論文，2002 年），頁 25。「第二語言系統的建構是以第一語言系統的存在為前提的。建立在言能盡意基礎之上，能充分勝任日常交際工具和形而下的表意之載體的語言及其自身規律的集合體系可算為第一語言系統。第二語言系統是與之相對而言的。……第二語言系統是為表達關於宇宙起源，世界本體及其運行規律或微妙玄通之意識感悟，以第一語言系統為工具性媒介，又成功超越了第一語言系統，能夠形象地傳達形而上之意的基本要素的語言系統。」

163 《三國志·魏書卷二十八鍾會傳注》引何劭《王弼傳》（臺北：鼎文書局，1975 年），頁 795。

見後文。

第三章　魏晉的言意理論

　　言與意是魏晉玄學一對重要的概念。言是意的表達形式，意是言所要表達的對象。魏晉學者對「意」有不同的看法，因而產生不同的言意關係。大體而言，持「言盡意」說法的歐陽建，其所揭示的對象乃是客觀事物，因而「言」的表意功較能應付。然而，傾向主張「言不盡意」看法的學者，如荀粲、王弼等人，認為「意」乃是指「道」、易理、聖人之意或佛理等內容深奧無窮的「玄意」，所以「言」的表意功能便受到限制。[1]甚至連嵇康的「音樂盡意」、張湛的「言意兼忘」、張韓的「不用舌論」與庾闡的「箸龜論」，亦是以「言不盡意」為理論基礎的。

　　由此可見，作為表達對象的「意」，其所指為何，的確影響各家對言意關係的看法。本章節試著探討各家言意理論，以呈顯魏晉「言意之辨」的特色。

---

1 參見施忠賢《魏晉言意之辨研究》（中壢：中央中文研究所碩士論文，1990 年 1 月），頁 3-4。

第一節　言不盡意論

一、荀粲：微言盡意說

荀粲是首位將「言不盡意」思想引入玄學領域之人。有關他言意思想的資料，主要見於《三國志‧魏書》卷十〈荀彧傳〉裴松之注引何劭為荀粲所作之傳文。何劭為粲傳曰：

> 粲字奉倩。粲諸兄並以儒術論議，而粲獨好言道，常以為子貢稱夫子之言性與天道，不可得聞，然則六籍雖存，固聖人之糠秕。粲兄俁難曰：「《易》亦云聖人立象以盡意，繫辭焉以立言，則微言胡為不可得而聞見哉？」粲答曰：「蓋理之微者，非物象之所舉也。今稱立象以盡意，此非通於意外者也；繫辭焉以盡言，此非言乎繫表者也；斯則象外之意，繫表之言，固蘊而不出矣。」及當時能言者不能屈也。
>
> 又論父彧不如從兄攸。彧立德高整，軌儀以訓物；而攸不治外形，慎密自居而已。粲以此言善攸，諸兄怒而不能迴也。
>
> 太和初，到京邑與傅嘏談。嘏善名理而粲尚玄遠，宗致雖同，倉卒時或有格而不相得意，裴徽通彼我之懷，為二家騎驛。頃之，粲與嘏善，夏侯玄亦親。常謂嘏、玄

曰：「子等在世塗間，功名必勝我，但識劣我耳！」嘏
難曰：「能盛功名者，識也，天下孰有本不足而末有餘
者邪？」粲曰：「功名者，志局之所獎也。然則志局自
一物耳，固非識之所獨濟也。我以能使子等為貴，然未
必齊子等所為也。」[2]

　　俁、粲兄弟一段著名的對話，篇幅雖簡，後人卻對討論的
主題有不同的看法。像馮友蘭先生以為荀氏兄弟在這場討論
中，荀俁是主張「言盡意」，荀粲則持「言不盡意」的看法。[3]所
以討論的主題是「言盡不盡意」的問題。但有學者卻對俁、粲
兄弟討論「言盡不盡意」的說法有不同的理解。王保玹先生以
為：「漢人重視易學，普遍接受了《繫辭傳》『立象盡意』的說
法。……過去人們以為荀俁主張『言盡意』而荀粲認為『言不
盡意』，其實不然。上文已根據《繫辭上傳》說明一個道理：正
是由于『書不盡言，言不盡意』，才需『立象』以作盡意的手段。
如果言能盡意，『立象』便無必要。荀俁既採用『立象盡意』說，
便不能不同意『言不盡意』說。就是說，他與荀粲的爭論是在
『言不盡意』的前提下進行的，其爭論的焦點不在於『言』能
否『盡意』，而在於『象』能否『盡意』。荀俁是『立象盡意』
說的擁護者，而荀粲則不然。」[4]其實，荀俁的言意觀很明確，
是「立象盡意，繫辭盡言」，此乃直接取自《易繫辭上傳》，可

2　見《三國志・魏書卷二十八鍾會傳注》引何劭《王弼傳》（臺北：鼎文書局），
　　頁 319-320。

3　參馮友蘭著《中國哲學史新編・第四冊》（北京：人民出版社，1986 年 9 月），
　　頁 121。

4　王葆玹著《正始玄學》（中國傳統思想研究叢書）（合肥：齊魯書社，1987 年），
　　頁 25。

見俁並非主張「言盡意」，而是像《繫辭傳》的作者一樣，在「言不盡意」的前提下主張用卦爻之象表達「聖人之意」，再通過卦爻辭來理解「象」。簡言之，就是「言不盡意」而「立象盡意」。[5]依王氏說法，荀氏兄弟討論的是「象盡不盡意」而非「言盡不盡意」的問題。然而，在王氏引文中，不是亦可見著「荀俁既採用『立象盡意』說，便不能不同意『言不盡意』說」之文字敘述？於此，我們是否可如是說，王先生其實是認同荀俁為「言不盡意」論的。

由以上的討論可知，俁、粲兩人，其實都是「言不盡意」論者。不論兩人所討論的主題是「言盡不盡意」抑或是「象盡不盡意」的問題，但至少有一點是不會引起爭論的，即是：荀粲是玄智之人，所談乃是玄遠之事（粲尚玄遠），視為「言不盡意」論者，應無疑。接著即對荀粲之言意觀點作說明。

從粲之傳文，可知善名理的傅嘏，以為識見與功名兩者關係密切，有識見必有其功名，有功名亦表示有其識見。然尚玄遠之荀粲則不以為意，認為智識是本，功名才能是末，才能雖由智識所生，然兩者間並無絕對的必然關聯，識寡可能功多，性劣可能才優。是以才性相異相離，由性不可辨才，由才亦無法觀性。由此知粲重本輕末，重其智識（性），而輕功名（才）。

又知荀父或之「立德高整，軌儀以訓物」的表現，正是傳統名教思想下推崇備至的典範，粲卻不以為意，認為「立德高整，軌儀以訓物」只不過是外在之言行表現，反不如其從兄攸之「不治外形，慎密自居」，擁有豐富的內在涵養。粲對二人的

---

5 參蒙培元《中國傳統哲學思維方式》（杭州：浙江人民出版社，1993 年 8 月），頁 277。

評價是從兄優於其父的。此更表現出粲重內在修養本質，而輕外在言行表現的觀點。總之，荀粲是以意之玄遠為取，而忽形骸，捨形取神。至於荀粲的言意理論，則在何劭《荀粲傳》第一段引文中亦透露「輕忽外形而重視內涵」之思想特質。接著即討論有名之「六籍雖存，固聖人之糠秕」之言。

荀粲以為六經乃是「聖人之糠秕」，其實「六籍雖存，固聖人之糠秕」一語，非粲為先聲，早在莊子〈天道〉篇「輪扁斲輪」的寓言中即見「君之所讀者，古人之糟魄已夫」之同調語。輪扁以斲輪之技無法傳於子孫為例，說明精微之理，是「得之於手而應於心，口不能言」，是超乎言詮意表的。又〈天運〉：「夫六經，先王之陳跡也，豈其所以跡哉！」[6]則是說明真正奧祕處，是口無法言說、不落於言詮的。所以六經，只能表明先王的陳跡，卻無法表達出真正可貴的所以跡。又〈天道〉篇：「世之所貴道者，書也。書不過語，語有貴也。語之所貴者，意也；意有所隨，意之所隨者，不可以言傳也。而世因貴言傳書。世雖貴之，我猶不足貴也，為其貴非其貴也。」〈秋水〉篇：「可以言論者，物之粗也；可以意致者，物之精也。言之所不能論，意之所不能察致者，不期精粗焉。」等超言意境的內容，皆荀粲言意思想的出發點且直接所本者。以上所引，皆與輪扁看法相同，均認為語言文字是「不能」表達聖人之意。

接著，荀俁站在儒家立場（粲諸兄並以儒術論議，而粲獨好言道），藉《周易・繫辭上傳》「立象盡意」、「繫辭盡言」提出他的主張。荀俁認為「象」可以「盡」聖人之意，「卦、爻辭」

---

6 《莊子集釋》，見頁 532。

亦可「盡」聖人所要表達的話語，所以聖人之道是可見於文字典籍中。荀粲則站在道家玄指，直向不可道的境界而趨的立場，對俁的回應是「理之微者，非物象之所舉也。」粲之微理是要離於物象世界，而物象世界是可道的。於此可知，荀粲以為語言文字所無法表達或窮盡的對象，乃是直指精深微妙的易理或道理，然若所揭示的對象是客觀的事物，粲則並未否定其語言有表意功能的價值性存在。粲申其義：「今稱立象以盡意，此非通於意外者也；繫辭焉以盡言，此非言乎繫表者也。斯則象外之意，繫表之言，固蘊而不出矣。」牟宗三先生如是說：

> 「立象以盡意」，此是象所盡之意。有象所盡者，即有其所不盡者。象所不能盡者，即「象外之意」。繫辭以盡言，此是辭所盡之言。固亦有無窮之言而未盡矣。此即「繫表之言」。所以有「繫表之言」即因有「象外之意」故也。有象外之意，象有限度。有繫表之言，辭有限度。總之，是言象並不能盡意也。自其盡者而言之，為「言意境」；自其所不盡者而言之，則為「超言意境」。[7]

荀粲將言分為「繫辭之言」和「繫表之言」；將意析為象所表達出來的「意」（即「象所盡之意」），以及象所不能表達出來的「意外」（即「象所不盡之超意」）兩層，而「意」是無法表達出「意外」的。荀粲所言「象外之意」、「繫表之言」即指「意外」。此所謂「意外」，乃是指超象絕言之「道」而言，此道非言可盡。如此則近於老莊，而趨於一超言意境。故視荀粲之「象

外之意，繫表之言之蘊而不出」為「言不盡意」論者。[8]

　　總之，荀粲所主張的言意理論中，所凸顯的「言外」、「意外」的觀念，有承先啟後的時代意義。不只是延續莊子「意有所隨，意之所隨者，不可以言傳也」的精神[9]，更對玄學思辨的天才王弼之「得意忘言」論有啟發性的影響。

二、管輅：微言妙象盡意說[10]

　　管輅是三國時曹魏人。在《三國志・魏書》卷二十九管輅的傳文中，裴松之引用〈管輅別傳〉中有一段提到：

> 輅為何晏所請，果共論《易》九事，九事皆明。晏曰：「君論陰陽，此世無雙。」時鄧颺與晏共坐，颺言：「君見謂善《易》，而語初不及《易》中辭義，何故也？」輅尋聲答之曰：「夫善《易》者不論《易》也。」晏含笑而贊之

8　同前註，頁 253。

9　《莊子》〈天道〉、〈秋水〉等篇的言意內容（見第二章「《莊子》的言意觀」），即暗示聖人的奧義在書籍文字之外，因此可說「意在言外」的萌始者，乃為莊子。參陳引馳〈「言意之辨」導向文學的邏輯線索〉（中國：《文藝理論研究》，1994 年 3 月），頁 34-35。

10　「微言」是「聖人之言」的精微部分，不同於一般言論。是否有一種「微妙」的「象」，與普通的「象」有所不同呢？據《世說・文學第四》劉孝標的注文記載：東晉孫盛和當時的「能言諸賢」有過辯論，孫盛的論題是「易象妙於見形」，大意是說〈易〉中爻象「備未備之象」，「兼未形之形」，較普通形象微妙，稱為「妙跡」，亦即「妙象」。孫盛強調「妙象」的存在，意在說明一般形象不能「盡意」，「妙象」才可盡意。王葆玹對此理論用「妙象盡意」一語來概括，且認為此說的起源應上溯到管輅。不過，孫盛的妙象只是將經傳中的「象」神秘化，終歸還是與漢代象數學的「象盡意」說無異，而與管輅的「妙象」有所不同。參見王葆玹《玄學通論》（臺北：五南，1996 年），頁 221。或參見王葆玹《正始玄學》（合肥：齊魯書社，1987 年），頁 331-333。

「可謂要言不煩也。」因請輅為卦。[11]

管輅精於《易》，又善於卜卦，認為真正精通易理之人，反而是不談論易理的。因此他對言意理論的看法多與《易》有關。《魏志‧管輅傳注》引〈管輅別傳〉中有段內容明白表示出管輅對言意關係的看法。

> 輅言：「夫物不精不為神，數不妙不為術。故精者，神之所合；妙者，智之所遇。合之幾微，可以性通，難以言論。是故魯班不能說其手，離朱不能說其目。非言之難，孔子曰：『書不盡言』，言之細也；『言不盡意』，意之微也，斯皆神妙之謂也。」[12]

物之精妙處，是不能以固定的語言概念去掌握它的，因為若以任何言詮、概念去掌握，皆會失於一偏。管輅由此認為語言文字是無法表達出易（義）理之精微玄妙的。並舉魯班、離朱之例說明此二人雖身具奇技，卻難以語言文字來說其技，由此闡釋精微義理的不可言說性。管輅又藉孔子「書不盡言、言不盡意」之語，言其語言文字所不能盡者，乃是言之細、意之微的聖人之意，此「言之細、意之微」亦即是荀粲所謂的「繫表之言、象外之意」，只是管輅並非如荀粲用「微言」直接「盡意」，而是用「微言」表達「妙象」，用「妙象」來「盡意」。[13]管輅曾言：「始讀《詩》、《論語》、及《易》本，學問微淺，未能上引聖人之道，陳秦、漢之事，但欲論金木水火土鬼神之情耳。」[14]

---

11 見《三國志‧魏書》（臺北：鼎文書局，1975 年），頁 821。
12 同前註，頁 822。
13 見《玄學通論》，頁 222-223。
14 見《三國志‧魏書》，頁 812。

說明他想做的是「論金木水火土鬼神之情」，而非「微言盡意」。因此他主張善《易》者不論《易》，因其所欲論者，乃是金木水火土鬼神之情。此金木水火土鬼神之情與「物不精不為神」之「神」，「數不妙不為術」之「術」都可歸入「妙象」的範圍。也就是說，妙象才是管輅微言欲發的對象，唯有藉微言所達之妙象方能盡意。[15]此「妙象盡意」說的根源應上溯到《周易‧繫辭傳》。《易傳》提出「立象盡意」、「設卦盡情偽」，「繫辭盡言」的觀點，作為語言文字窮盡表達聖人之意的出路。

　　既然精微玄妙的義理無法藉由任何語言文字表達出來，那麼人們要如何才能體會聖人深奧之義蘊呢？管輅提出神、智、性三者來與精妙易（義）理相合。神、智與性三者均是屬於個人主體的修養或境界。是相類於老子之「致虛極，守靜篤」，莊子之「心齋坐忘」的修養功夫，進而達到「天地與我並生，而萬物與我為一」的境界。

　　管輅除以神、智與性三者來體證「言之細、意之微」的精微義理外，更藉微言所達之妙象來盡聖人之意。提出「苟非性與天道，何由背爻象而任胸心者乎？」[16]的看法。他認為當人們所欲知的對象是性與天道等深奧玄妙的內容真理時，即應依著爻象的啟發，充分發揮主體的創造性，才能掌握妙象通於精深

15　參見《魏晉言意之辨與魏晉美學》，頁 27。

16　《魏志‧管輅傳注》所載〈管輅別傳〉引輅云：輅每開變化之象，演吉凶之兆，未嘗不纖微委曲，盡其精神。……輅鄉里乃太原問輅：「君往者為王府君論怪，……為見於爻象，出君意乎？」輅言：「苟非性與天道，何由背爻象而任胸心者乎？夫萬物之化，無有常形；人之變異，無有常體，或大為小，或小為大，固無優劣。……」（頁 814）

玄奧的易（義）理。[17]管輅這種看法，正與王弼尋言象以觀意，不拘執言象的思想相符。由此可知，管輅的「背爻象」，並非棄象而不顧，而是要超越《周易》經傳的「象」去發明微妙之「象」。[18]至於「任胸心」則與前之神、智與性相通，均是指主體的修養或境界。總之，管輅是騁「微言」以論「妙象」，並以「背爻象而任胸心」之進路，盡而達其意，今人王葆玹先生稱之為「微言妙象盡意」說。

　　管輅的微言妙象可以盡意，那麼不假微言的「妙象」更可表現出無限絕美之境。此不假微言之「妙象盡意」，引領人們在藝術領域找到「盡意」的出路，並由此促進了藝術的發展。如嵇康以音樂為盡意的「妙象」，此妙象已不限於經傳和象數，而是音樂藝術的結晶。其〈聲無哀樂論〉為整個魏晉時期「音樂盡意」說的代表作。又如魏晉名士尚以「發口成聲」，素有「無言歌」之稱的「嘯」來論道盡意。因為「嘯盡意」無需受限於樂器，有其自由性，是論道盡意的最好方式。其它諸如書法、繪畫、雕刻等所謂的藝術語言均可以其豐富的形象性來論道盡意，就在此意義上，魏晉玄學的言意之辨擁有豐富的美學內涵。[19]

三、嵇康：音樂盡意

　　嵇康字叔夜，是曹魏時代的竹林名士。據《晉書·嵇康傳》

17　參見《魏晉言意之辨與魏晉美學》，頁 27。

18　見《玄學通論》，頁 222。

19　魏晉言意之辨對魏晉美學的影響，可參見《正始玄學》，頁 334-362。

記載孫登評嵇康:「性烈而才儁。」[20]而嵇康也有自知之明,他在〈與山巨源絕交書〉中,告訴山濤:「吾直性狹中,多所不堪。」且「剛腸疾惡,輕肆直言,遇事便發。」[21]正是這種慷慨激昂,尚氣任俠的獨特個性,使得嵇康得罪鍾會而招致殺身之禍;這樣的性格也造成他不肯輕易接受世俗之見,與人多所論辯,在學問上凸顯其獨特的風格。[22]現存十卷《嵇中散集》就有七成以上為論辯作品[23]。嵇康偏向一道家養生之生命,故屬哲人型之生命型態,與阮籍相較,比較顯智。因較顯智,故能多方持論,往復思辯。[24]故《晉書·嵇康傳》曰:「康善談理,又能屬文。……復作聲無哀樂論,甚有條理。」[25]也就是說,嵇康「師心以遣論」[26],能依循自己的構思,在理論上作有系統的思考,展露其極高的理論思辯能力。

　　「聲無哀樂論」是東晉王導在渡江後所標三理之一[27],且「聲無哀樂論」居其首,可知〈聲無哀樂論〉在玄學史上佔有一席

---

20 見《晉書·嵇康傳,卷四九》,頁 1370。

21 見戴明揚《嵇康集校注》(臺北:河洛圖書出版社,1978 年),頁 113-123。

22 戴璉璋〈嵇康思想中的名理與玄理〉(臺北:《中國文哲研究集刊》第四期,1994 年 3 月),頁 226。

23 現存十卷《嵇中散集》中,第一卷是詩,第二卷是〈琴賦〉和兩篇〈絕交書〉,第十卷是〈太師箴〉和〈家誡〉。其他各卷,除了第三卷〈卜疑〉一篇外,其他多是以「論」為名的議論性文章。見岑溢成〈嵇康的思維方式與魏晉玄學〉一文(臺北:《鵝湖學誌》第九期,1992 年 12 月),頁 38。如嵇康與向秀辯養生,因而有〈答難養生論〉;與呂安辯明智與膽量的關係,因而有〈明膽論〉;與張邈辯好學是否出於自然之性,於是有〈難自然好學論〉;與阮侃辯住宅有無吉凶的攝生問題,因而有〈難宅無吉凶攝生論〉及〈答釋難宅無吉凶攝生論〉等論作。

24 參見《才性與玄理》,頁 319。

25 《晉書·嵇康傳》,參見頁 1374。

26 《文心雕龍》四部叢刊正編,(臺北:臺灣商務印書館),頁 53。〈才略篇〉:「嵇康師心以遣論,阮籍使氣以命詩。」

27 三理是指「聲無哀樂論」、「養生論」及「言盡意」,前二者皆嵇康所著名篇,後者則為歐陽建之理論。《世說新語·文學》,頁 12。

重要地位。〈聲無哀樂論〉是嵇康文集中很長的一篇文章，約有五千餘字。其寫作動機，乃是針對司馬氏政權的言行異軌而發的[28]。由於對司馬政權的反抗，使得嵇康堅決否定了聲音對情感有其傳達性。此文是以秦客與東野主人（即嵇康）之間反復往來為方式，共七難七答。其中不乏引經據典，遠譬近指，推理運律，辨名析實之作，堪稱魏晉清談名辯中，最佳代表作之一。[29]茲取此論之要者論述之，以觀師心獨見之處。

　　本節探討嵇康言意觀，據《玉海》記載，嵇康曾著《周易言不盡意》文，可惜早已散佚。[30]不過他的〈聲無哀樂論〉在討論聲音與哀樂之情的關係時，觸及到言意問題，因此使後人得以對嵇康的言意思想作些嘗試性的探討。本節先論述嵇康在〈聲

---

28 敏澤在《中國美學思想史》如此說道：嵇康……之所以要力辯「聲無哀樂」，以至不顧自己有時不能自圓其說，原因很簡單，就是在嵇康看，司馬氏政權所制定的禮樂，所倡導的「名教」，實際上都不過是掩蓋著他們屠戮異己、篡竊神器的幌子……。這就是在〈聲無哀樂論〉中，嵇康一再強調反對「濫於名實」……的社會的、歷史的深刻的原因。這一切都是針對司馬氏政權的言行異軌而發的。見《中國美學思想史，第一卷》（合肥：齊魯書社，1989 年 8月），頁 691。

29 見林顯庭《魏晉清談及其名題之研究》（臺北：文化哲學研究所博士論文，1983年 4月），頁 289。

30 根據魏晉史籍的記載，直接以言意問題為題目的文獻計有：
　（１）魏‧荀粲：言象不盡意論（見《三國志‧魏書》卷十〈荀彧傳〉裴松之注引何劭為荀粲所作之傳文。）
　（２）魏‧王弼：忘言忘象得意論（見王弼《周易略例‧明象》）
　（３）魏‧嵇康：周易言不盡意論（見王應麟《玉海》卷三十六著錄）（頁 714）
　（４）西晉‧歐陽建：言盡意論（見《藝文類聚》卷十九引文）
　（５）西晉‧張翰（韓）：不用舌論（見《藝文類聚》卷十七引文）
　（６）東晉‧王導：言盡意論（見《世說新語‧文學》第二十一條）（頁 12）
　（７）東晉‧庾闡：著龜論（見《藝文類聚》卷七十五引文）
　（８）東晉‧殷融：象不盡意論（見《世說新語‧文學》第七十四條注引中興書云：「（殷融）著象不盡意、大賢須易論，理義精微，談者稱焉。」）（頁25）
　以上八種文獻資料，僅有荀粲、王弼、歐陽建、張翰（韓）、庾闡等人的意見，仍有一、二實錄見存，可以用來具體分析討論，其餘三位論者對言意問題的意見，在文獻上都只見篇目而不見內容。嵇康「周易言不盡意論」就是其一。

無哀樂論〉的主張，然後再帶入他對言意關係的看法。

（一）聲無哀樂論

> 有秦客問於東野主人曰：「聞之前論曰：『治世之音安
> 以樂，亡國之音哀以思。』夫治亂在政，而音聲應之。
> 故哀思之情，表於金石；安樂之象，形於管絃也。又仲
> 尼聞韶，識虞舜之德；季札聽絃，知眾國之風。斯已然
> 之事，先賢所不疑也。今子獨以為聲無哀樂，其理何居？
> 若有嘉訊，請聞其說。」[31]
> 主人應之曰：「斯義久滯，莫肯拯救，故令歷世，濫於
> 名實。今蒙啟導，將言其一隅焉。」

　　本文首先記載秦客引經據典提出聲音與哀樂相關的主張。
秦客依儒家音樂的理論以為音樂是情感的表現，所以聲音有哀
樂之情。然嵇康不以為意，他認為秦客所言，都是由於世人對
「名」與「實」之濫用，而所造成的誤解。一般人以為，歌舞
被認為是歡樂之情的代表，哭泣被視為是悲哀之情的代表。然
嵇康認為哭泣和歌舞並非哀樂感情之主體，因「殊方異俗」，聲
音便各自有其哀樂表現的方法，嵇康言「音聲之無常」。馮友蘭
先生說：「在不同的聽眾中，可能引起不同的反應，發生不同的
作用，這就是『聲音之無常』。這就可見，聲音是客觀的，哀樂
是主觀的。主見和客見必須嚴格區別開來。」[32]是以，嵇康之所

---

31 嵇康〈聲無哀樂論〉一文摘自《嵇中散集》四部備要本，卷五（臺北：中華
　　書局），頁1-12。
32 見馮友蘭《中國哲學史新編，第四冊》（臺北：藍燈出版社，1991年11月），
　　頁97。

以主張「聲無哀樂」的主要觀點，就在於主觀性與客觀性的區別。[33]嵇康又云：

> 因事與名，物有其號。哭謂之哀，歌謂之樂。斯其大較也。然樂云樂云，鐘鼓云乎哉？哀云哀云，哭泣云乎哉？因茲而言，玉帛非禮敬之實；歌哭非哀樂之主也。何以明之？夫殊方異俗，歌哭不同。使錯而用之，或聞哭而歡，或聽歌而戚。然而哀樂之情均也。今用均同之情，而發萬殊之聲，斯非音聲之無常哉？

　　嵇康認為，不同的事物有不同的名號，每個事物都有其自己的名號。「名號」具客觀外向之屬性，特別強調名與實要相符。而哀樂感情不是屬於「名號」，乃是屬於「稱謂」之關係。[34]由於「稱謂」具有主觀內在的屬性，所以它並無固定不變的「實」的內容。如玉帛、歌哭，是外在客觀之浮事。禮敬、哀樂則是內在主觀之真情，兩者間無對應之關係。名玉帛為玉帛，名實相應；名玉帛為禮敬，名實不符。名歌哭為歌哭，名實相應；名歌哭為哀樂，名實不符。玉帛、歌哭，皆外在而可被觀察者所公開檢證。禮敬、哀樂則是內在於我而不可被觀察。而我哀不必哭，我樂不必歌；推之，人哭不必哀，人歌不必樂。[35]由此

---

33 見崔世崙《嵇康「論文」及其玄學方法研究》（臺北：臺灣師大國文研究所碩士論文，1997 年 12 月），頁 154。

34 嵇康如此觀點，是繼承於王弼〈老子指略〉中的「名號」與「稱謂」的關係。「名也者，定彼者也；稱也者，從謂者也。名生乎彼，稱出乎我。……名號生乎形狀，稱謂出乎涉求。名號不虛生，稱謂不虛出。」

35 參見吳甿，〈言意之辨與魏晉名理（七）嵇康「聲心異軌」論及其音樂美學〉（臺北：《鵝湖月刊》一二四期，1985 年 10 月），頁 49。

可知，哭謂之哀，歌謂之樂，這只是人們所使用的一種「名稱」而已，歌與哭並不見得一定會讓人產生樂與哀的感情，有時反而恰恰相反，可見音聲本身並無哀樂成分，哀樂之所以產生，乃因人們自己感情成分之作用。

> 夫喜、怒、哀、樂、愛、憎、慚、懼，凡此八者，生民所以接物傳情，區別有屬，而不可溢者也。夫味以甘苦為稱。今以甲賢而心愛，以乙愚而情憎，則愛、憎宜屬我，而賢、愚宜屬彼也。可以我愛而謂之愛人；我憎而謂之憎人。所喜則謂之喜味，所怒則謂之怒味哉？由此言之，則外內殊用，彼我異名。聲音自當以善惡為主，則無關於哀樂；哀樂自當以情感而後發，則無係於聲音。名實俱去，則盡然可見矣。

「愛、憎宜屬我，而賢、愚宜屬彼」，此即作「名」、「分」之別。尹文子有「名、分不可相亂」之論，曰：「名宜屬彼，分宜屬我。我愛白而憎黑，韻商而舍徵，好膻而惡焦，嗜甘而逆苦。白、黑、商、徵、膻、焦、甘、苦，彼之名也；愛、憎、韻、舍、好、惡、嗜、逆，我之分也。」[36]味之甘苦，人之賢愚，「彼之名也」；愛憎喜怒，「我之分也」。「外內殊用，彼我異名」。「異名」者，名、分不可相亂也。名、分不亂，則名實相「當」而「俱存」。若外內同用，彼淆於我，名亂於分，則名實「不當」而「俱去」。[37]依嵇康的說法，哀憎是屬於我主觀的情感，賢愚是屬於客觀的才性。以此推之，同樣的道理，聲音以善惡為主，

36　《尹文子，大道上》（臺北：臺灣中華，四部備要本，1965 年），頁 2。
37　〈言意之辨與魏晉名理（七）嵇康「聲心異軌」論及其音樂美學〉，頁 49。

屬於彼的；情感以哀樂為主，屬於我的。[38]因此，既然聲音無哀樂情感之實，自然無哀樂之名，此謂之「名實俱去」。

以上乃嵇康綜述大義，以立宗旨。此後，秦客復七次作難，嵇康亦七次答之，展轉典文，滋生細義，總不外客人以聲音有情之義，故聲有哀樂，而嵇康以和聲無象，聲音乃自然之所生發，故有常體，與哀樂無關。本節不擬一一分析難答各段大旨，僅節錄第四之難答之警要文句作論述。

秦客在第四難提出「心為聲變」、「躁靜由聲」的論點，再次說明「聲有哀樂」。秦客說：

> 今平和之人，聽箏、笛、琵琶，則形躁而志越；聞琴瑟之音，則聽（戴明揚校本改作「體」）靜而心閑。同一器之中，曲用每殊，則情隨之變。奏秦聲，則歎羨而慷慨，理齊楚，則情一而思專；肆姣弄，則歡放而欲惬。心為聲變，若此其眾。苟躁靜由聲，則何為限其哀樂？而但云：至和之聲，無所不感，託大同於聲音，歸眾變於人情，得無知彼不明此哉？

秦客以樂曲每因樂器種類之不同，與各地曲調之互異，則其感人之情狀，亦躁靜有別，歡戚不同。因此，秦客提出，既然躁靜的變化來自音樂，那麼為何哀樂之情就不是這樣呢？以此證聲音應有使人躁靜、哀樂之性質。嵇康對此說法，做如下回應：

---

38 《嵇康「論文」及其玄學方法研究》，參見頁82。

主人答曰：「難云：『琵琶、箏、笛，令人躁越』。又
云『曲用每殊，而情隨之變』。此誠所以使人常感也。
琵琶、箏、笛，間促而聲高，變眾而節數。以高聲御數
節，故使形躁而志越。猶鈴鐸警耳，鐘鼓駭心。……蓋
以聲音有大小，故動人有猛靜也。琴瑟之體，間遼而音
埤，變希而聲清。以埤音御希變，不虛心靜聽，則不盡
清和之極，是以靜聽而心閒也。……然皆以單、複、高、
埤、善、惡為體，而人情以躁、靜、專、散為應。譬猶
遊觀於都肆，則目濫而情放。留察於曲度，則思靜而容
端。此為聲音之體盡於舒疾，情之應聲亦止於躁靜耳。
夫曲用每殊，而情之處變；猶滋味異美，而口輒識之也。
五味萬殊，而大同於美；曲變雖眾，亦大同於和。美有
甘，和有樂（當作樂有和）。然隨曲之情，盡於和域。
應美之口，絕於甘境。安得哀樂於其間哉？」

嵇康雖也認同音樂對人的刺激，在心情上是會有「躁急」
和「靜閒」的反應，但是他認為「躁急」和「靜閒」兩種不同
的反應，其實是音樂本有的屬性。他把樂器依發聲特質分為二，
一是屬於「琵琶、箏、笛，間促而聲高，變眾而節數。以高聲
御數節，故使形躁而志越。」此類樂器以聲音高、節奏快、變
化大為其特色，於是，聽者感到形體躁動而志氣發越。另一類
則是屬於「琴瑟之體，間遼而音埤，變希而聲清。以埤音御希
變，不虛心靜聽，則不盡清和之極，是以靜聽而心閒也。」此
類樂器以聲音低、節奏慢、變化少為其特色，因此，聽者自然
而然靜聽而心閒。由此可知，「動人有猛靜」的原因，就是由於

「聲音有大小」，不能說躁靜由音樂而引發，情緒隨之而變化，就因此斷定音樂有哀樂之情。[39]嵇康接著說：

> 若言平和、哀樂正等，則無所先發，故終得躁靜。若有所發，則是有主於內，不為平和也。以此言之，躁靜者，聲之功也；哀樂者，情之主也，不可見聲有躁靜之應，因謂哀樂皆由聲音也。

嵇康以為，人們各以自身之認識經驗去解釋樂曲之情調，故聽樂者如果心境平和，先不存哀樂，則聽樂曲之際，當然只視該樂曲節奏之舒、疾、單、複，而有振奮或閑靜之境。如心中早已先存有哀或樂之情，則不為「平和」，而乃先有主觀情感於內，則聽樂曲之時，哀樂之情自在其中。由此可見哀樂主於人情，音聲只使人心境或躁或靜，不主哀樂。[40]

「聲無哀樂論」所探討的問題是：聲音本身是否含有哀樂等情感。嵇康的結論是：哀樂全在人，絲毫不在聲音，聲音本身是不含哀樂等情感的。因為情感乃是人的心靈作用。樂曲經由人耳傳入心靈（腦），而心靈又極富聯想之作用。人在聆賞音樂從而產生聯想時，極易以自己的感情經驗去迎會該曲之旋律。是以聽者聯想到或內心本有歡樂之事，因和聲之觸發導引，便自然流露形歡而容動；聯想到或內心本有悲哀之事，因和聲之觸發導引，便自然流露愁顏而貌慼。因此，一般人以為音樂能經由人隨和聲的感發導引所致的心動聯想，進而表達出哀樂的情感，就誤以為「聲有哀樂」。其實不然，音聲雖憑其音色（如

---

39 《嵇康「論文」及其玄學方法研究》，頁 87。
40 《魏晉清談及其名題之研究》，頁 304。

長、緩、強、弱等）及曲式結構，可以感發人哀樂情感，然而感覺出哀樂情感的，還是在於人主觀的心靈，如果音聲無人聆賞，哀樂之情從何而生？所以嵇康以為「哀樂全在人，絲毫不在聲音」。故音聲的性質雖可感人，人感的哀樂卻不應含藏於音聲中。[41]音聲最多只具有引發情感的效用，但這個效用卻非音樂本身所具有的內容。由此可知，嵇康是著眼於音聲本身的內容具有獨立的地位，是外在的存在，而哀樂是內在的情感，彼此的性質全然不同，所以主張音聲與我們內在的感情無關，亦即聲無哀樂。

〈聲無哀樂論〉中「心之與聲，明為二物」、「託大同於聲音，歸眾變於人情」、「聲音自當以善惡為主，則無關哀樂；哀樂自當以情感而發，則無係於聲音」等精采論點，提醒了人們對音樂自性的注意，希望主體莫因哀樂的情感而忽略音樂特有的美。而且，被剝離了情感內容的音樂，唯一所剩的只有快、慢、強、弱、高、低、昇、降等物理性質，而別無其他。是以，音樂得以成為一獨立的審美客體，獲得人們客觀的觀照，使和聲當身從主觀人情禮樂教化之糾纏中得到解放，此種「客觀主義之純美論」[42]，為後世音樂理論作出不可磨滅的貢獻。

---

41 同前註，參見頁 310-312。

42 牟先生評「聲無哀樂論」為「客觀主義之純美論」，吳甿先生則有專文討論。牟先生肯定嵇康，卻也提到〈聲無哀樂論〉一文似是涉及存有、體性、關係、普遍性、特殊性、具體、抽象等所成之思想格局。而此套思想格局是「存有形態」或「客觀性形態」之格局，此乃西方學術之所長。而中國傳統思想中並無此格局。然而嵇康突觸此格局，自不能精透。因此難免混淆聲音之通性與殊性。依先生的說法，聲音除了只有「和」之「通性」（普通性）外，其實尚有具體而各別之色澤，如舒、疾、單、複、高、埤，皆具體色澤也，此乃為聲音之殊性。此亦可說是和聲之內容。如果說聲音有具體之色澤，則所謂

　　「聲無哀樂論」所作之聲心之辨，實承言意之辨而來。其主張「心之與聲，明為二物」、「殊塗異軌，不相經緯」，乃言意之辨中「言意異」一系。[43]所謂「言意異」是指根本否定「言」、「意」間有對應關係，「言」不復為「言」（意之負荷者），而以自己為目的，如純音樂之曲樂，不再負荷原來的概念或「意」，而只表現自己（純形式之體性），此所以嵇康有「聲心異軌」、「聲無哀樂」之說。[44]

（二）「言非意」的言意觀

　　嵇康言意理論中的「言」，指的是事物的名稱，可泛指一般的名言；「意」之所指，顯然不限於形而上的實體或原理，[45]而是也可泛指一般的事物。在〈聲無哀樂論〉中，嵇康是以言、意的這種關係與「音聲－哀樂」的關係作比照，「言」類似於音

　　哀樂之情因感和聲而發，哀樂之情與和聲之色澤間亦必然有相當之關係。如果只是「和」之通性，而無具體之色澤，則可無哀無樂，則此關係可建立不起。但若必具備具體色澤，則此關係實不易抹殺。通性、殊性兩者不同，不能混同而論。《才性與玄理》，頁 349-350，355-356。

43　見〈言意之辨與魏晉名理（七）嵇康「聲心異軌」論及其音樂美學〉，頁 48。吳旿先生認為言意之辨可形成「言意四本」：「言意同」、「言意合」、「言意離」、「言意異」。見〈言意之辨與魏晉名理（三）「言意之辨」析義〉（臺北：《鵝湖月刊》118 期，1985 年），頁 47、50。

　　「言意同」——即「言盡意」，此則只有「言內之意」而無「言外之意」，言意之關係為一一對應之關係。如歐陽建之「言盡意論」。

　　「言意合」——即「言不盡意」，此則「言內之意」足以徵示「言外之意」，言意關係為一多對應之關係。如王弼之「盡意莫若言，得意而忘言」說及郭象「寄言出意」說。

　　「言意離」——即「超言意」，此則「言內之意」不足徵示「言外之意（本意）」，其言意關係為「超多一對應」之關係。如荀粲之「六籍雖存，固聖人之糠秕」說。

44　同前註，頁 50。

45　參見岑溢成〈魏晉「言意之辨」的兩個層面〉（臺北：《鵝湖學誌》第十一期，1993 年 12 月），頁 32。

聲，「意」類似於哀樂。嵇康在〈聲無哀樂論〉中對言意關係的
看法是：

> 夫言非自然一定之物，五方殊俗，同事異號，舉一名以
> 為標識耳。[46]

> 夫聲之於音（戴明揚校本改作「心」），猶形之於心也。
> 有形同而情乖、貌殊而心均者。何以明之？聖人齊心等
> 德，而形狀不同也。苟心同而形異，則何言乎觀形而知
> 心哉？且口之激氣為聲，何異於籟籥納氣而鳴邪？啼聲之
> 善惡，不由兒口吉凶，猶琴瑟之清濁，不在操者之工拙
> 也。心能辨理善談，而不能令籟籥調利，猶瞽者能善其
> 曲度，而不能令器必清和也。器不假妙瞽而良，籥不因
> 慧心而調，然則心之與聲，明為二物。二物之誠然，則
> 求情者不留觀於形貌，揆心者不借聽於聲音也。察者欲
> 因聲以知心，不亦外乎？[47]

聲音和哀樂雖有密切的關係，這種關係並非必然而只是偶
然的。不同的聽者所以對同樣的聲音產生不同的感受，不僅由
於聲音和感情是有分別的，更由於什麼聲音和什麼情感發生關
聯並不一定。於是，在不同的風俗和環境裡，相同的聲音往往
代表不同的情感。把聲音和情感這種關係推展到名言與意義的
關係上，也是同等有效的。[48]名言與意義二者間的關係，只是偶

---

46 見《嵇中散集》，頁 25。
47 同前註，頁 26。
48 〈魏晉「言意之辨」的兩個層面〉，頁 32。

然的，而非必然的。嵇康認為，各地因為風俗、習慣的不同，所以對於同一事物，各地的名稱可能有所不同。這是因為人們在制定名稱時，各地各依其風俗習慣訂定之，自然就會產生「同事異號」的現象。因此，名稱只是人為制訂且用來標識事物的，所以名稱與事物之間並無必然的關聯性，而只有偶然的關聯性。而兩者間之所以有偶然的關聯性，完全是由於人為制訂的結果。[49]因為在嵇康看來，事物的名稱對於事物只是一個符號，而符號並非自然確定和固定不變的。人們可以用不同的符號指稱同一對象，反之，也可以用同一符號指稱不同對象。嵇康就曾說過：「玉帛非禮敬之實，歌哭非哀樂之主也。」玉帛，不僅僅是禮敬之物，它可能同時意味著禮儀或情感等意義；歌哭亦非僅僅是表示哀樂情感的，它也可以表示思戀或追求等思想或情感。[50]所以聲音自有其獨立的存在地位，而非執定是為哀樂情感的附庸。聲音既非概念的負荷者－即非「言」，則聲音不當符徵任何聲音以外之「意」，聲音只表現其自己。若將某聲音約定為某意之負荷者，則只是一假借，不可即視此意必定是為此聲音之屬性。此被約定為某意之負荷之聲音，只是一人為符號，而人為符號「殊方異俗，歌哭不同，使錯而用之，或聞哭而歡，或聽歌而戚。然其哀樂之情均也。今用均同之情，而發萬殊之聲，斯非音聲之無常哉！」作為人為符號之聲音，與其所負荷之意之關係，實非固定者，乃是隨方俗之殊異而變化「無常」。

49　《魏晉言意之辨研究》，參見頁83。
50　參見余衛國〈一場虛假的論辨―魏晉之際言意之辨剖析〉（北京：《中國哲學史》，1990年1月），頁57。

由此可見，人為約定之聲音的意義，非聲音自身之屬性。[51]由此可以推知，嵇康是以「言」本身有其獨立的地位，不必也不再是「意」的附庸，進而論證言、意無本然，固定的關係。[52]所以嵇康說：「夫言，非自然一定之物。」

　　接著，藉《荀子・正名》對名稱與事物的關係的看法，來呈顯嵇康言意思想的特色。

> 名無固宜，約之以命。約定俗成謂之宜，異於約則謂之不宜。名無固實，約之以命實，約定俗成謂之實名。名有固善，徑易而不拂，謂之善名。[53]

　　所謂「名無固宜」、「名無固實」即否定名言符號與實在或對象之間有必然的、本質的關係。荀子認為語言的產生，根本是因於社會的需要，以約定俗成的方式形成的。所謂的「約定」，是指用什麼名稱指稱什麼事物，這在原初是不一定的，所以單純是出於人為的、任意的或偶然的約定。只是，名稱和所指事物的關係，雖是建立於任意偶然的約定上，但是一旦得到使用社群的共許而成為慣例，此關係就有相當程度的穩定性。此謂之「俗成」。至於「名有固善，徑易而不拂，謂之善名」，是指作為判斷語言名稱在制訂時之標準。荀子認為越直接、簡潔而不與事物（的形狀、樣態、性質等）相牴觸的語言名稱，就是善名；反之，若是意義含糊，隱晦的，自然就非善名。由此可知，荀子所謂的「約定」，是指語言名稱並非是隨意制訂的，而

---

51 參見〈言意之辨與魏晉名理（七）嵇康「聲心異軌」論及其音樂美學〉，頁 49-50。

52 《魏晉言意之辨研究》，頁 86。

53 《荀子・正名》（臺北：臺灣中華，四部備要本，1965 年），頁 164。

是要在符合直接、簡潔、不違反事物形態、性質的情形下，在偶然的情況下制訂出來。

　　嵇康的言意理論則是屬於「約定俗成」中之「約定」部分，也就是強調名稱在指稱事物時是單純出於人為的、任意的或偶然的約定，亦即是說「名稱」與「事物」兩者間並無必然的關聯性。但是，嵇康的言意理論，少了一層對「約定」的限制，此即是說嵇康並未提到在制訂語言名稱時必須依照什麼標準，才稱得上是合宜的語言名稱。這正是符合他「聲無哀樂」的說法，因為若對「約定」有所限制，那就表示名稱和事物間的聯結非任意、偶然的，而是有理可依循的。若名稱與事物間有某種程度的一定關聯，那就與嵇康要嚴格區分兩者關聯的心意相違背了。[54]

　　前文曾提及，據《玉海》所載，嵇康曾著《周易言不盡意》文，可惜早已散佚。但後人多因此將他的言意主張納入「言不盡意」之列。我們也許可以說嵇康認為《周易》是屬「言不盡意」論的，但卻不可以偏概全，論斷嵇康是「言不盡意」論者。因為，從其所著〈聲無哀樂論〉一文中所表現的言意觀來看，嵇康除了提到言與意的關係是任意、偶然的之外，諸如言的表意功能，言能否盡意等較深層的言意問題，就幾乎沒有涉及討論到。所以嵇康的言意理論在〈聲無哀樂論〉一文中所呈顯的問題，並非「言」能否盡「意」的問題，而是「言」與「意」兩者間是否有所關聯的問題。因此視嵇康的言意理論為「言不盡意」論者，顯然有所失當。只是「言能否盡意」的問題，並

54　《魏晉言意之辨研究》，參見頁 84-85。

非探討嵇康言意理論的重點，反而是他獨特的言意思想，如「言」有其獨立的存在地位，「言」不再是「意」的工具等言意觀，對後人研究魏晉言意之辨之全面性的認識有相當程度的助益。

四、張韓：不用舌論

《藝文類聚》卷十七引晉張韓之「不用舌論」[55]，清嚴可均輯之入《全晉文》卷一百七張翰項後張韓項下，並序之曰：「韓，爵里未詳。案：韓疑翰之誤。」[56]張韓的「不用舌論」，其文如下：

> 論者以為：心氣相驅，因舌而言。卷舌翕氣，安得暢理？余以：留意於言，不如留意於不言；徒知無舌之通心，未盡有舌之必通心也。仲尼云：「天何言哉？四時行焉。」「夫子之文章，可得而聞也。夫子之言性與天道，不可得而聞。」是謂至精，愈不可聞。樞機之發，主乎榮辱，禍言相尋，召福甚稀。喪元滅族，歿有餘哀；三緘告慎，銘在金人。留侯不得已而掉三寸，亦反初服而效神仙。靈龜啟兆于有識前，卻可通于千年。鸚鵡猩猩，鼓弄於籠羅，財無一介之存，普天地之與人物，亦何屑于有言哉！

文中一開頭所論述主張「心氣相驅，因舌而言。卷舌翕氣，

---

55 見唐‧歐陽詢等撰著《藝文類聚，卷十九》（文光出版社，1974 年），頁 318。
56 嚴可均校輯《全上古三代秦漢三國六朝文（二），卷一百七》（北京：中華書局，1958 年），頁 2077。

安得暢理？」之論者，有可能是主張「言盡意論」者。論者以為：心氣相驅而相連，心有所欲而有所指陳，氣乃為之動舌而成言。故凡動舌舒氣而成言，乃能達其意而暢其理；卷舌翕氣而不言，則意安得達？理安得暢？論者所主張可盡意之義，顯然得見。[57]張韓的看法異於論者：「留意於言，不如留意於不言；徒知無舌之通心，未盡有舌之必通心也。」他認為留意於言不如留意於不言，言不能真正暢理，深奧的聖人之理，惟有以心相傳，意始有可能相通。舌頭是用來說話的，人無舌當然不能說話，即無法用語言表達思想，而是以心領神會的方式相互傳達，意才能相通；有舌當然能說話，但仍無法用語言來窮盡表達其深奧的思想，因此，有舌雖能說話，但同無舌般，亦是必須要藉心傳，意才能相通。許抗生先生說：「確實通理是要靠心的，但沒有語言這一實現思想交際的工具，也就很難實現心意相通。如果人人都不用舌，不言語，又怎樣進行社會的思想交流呢？」[58]許先生的說法，其實類似於《周易》「立象以盡意」、「繫辭焉以盡言」及歐陽建的「言盡意論」，他所指的語言是屬於描述語言性質的名言，是指對應於一般形下物理的外延名言。此語言所表達的只是粗跡的「糠秕」而已，而人們也的確得靠此粗跡語言，才能進行最基本的溝通彼我及分辨事物的工作。然而張韓的「不用舌論」，其實是接著荀粲的思想而言，是偏「言不盡意」論的。荀粲言「象外之意」、「繫表之言」，皆是指「理之微者」，是不能用言、象來表達的。張韓則引孔子言「天何言哉？四時行焉」、「夫子之文章，可得而聞也。夫子之言性與天道，不可得而聞」之言為據，斷言至精之理（性與天道），

---

57 參林顯庭《魏晉清談及其名題之研究》，頁 220-221。
58 見《魏晉玄學史》，頁 297。

是不可得而聞。換言之，人們無法言說的，須賴心領神會以傳達，是無係於口聞的。故曰：「留意於言，不如留意於不言。」若將張韓「徒知無舌之通心，未盡有舌之必通心也。」原句調整為「徒知有舌之通心，未盡無舌之必通心也。」將上、下句之「無」與「有」二字，互換位置，則文意順為「徒知有舌之能通心，而未識無舌之通心」，乃更能窮盡達意之妙。如此一來，張韓「不用舌論」之言意理論則更加清晰明白。

第二節　忘言忘象得意論

一、王弼：忘言忘象得意說

　　王弼字輔嗣，三國時代魏人。生於魏文帝黃初七年（西元226），卒於魏齊王芳正始十年（西元 249），享年僅二十四歲。享壽如此其短，卻是中國哲學史上少見的天才。有關王弼言意理論的資料，大多見於《老子注》、〈老子指略〉、《周易注》、《周易略例·明象》等篇章。是以本節分別從原典中探求王弼老學及易學的言意思想。王弼老學的言意思想是涵括其透過《老子注》、〈老子指略〉所建立的名學體系，探討語言「能指」和「所指」的問題。「言」指名、號與字、稱、謂這類傳釋語言，「意」即聖人之意。至於其易學的言意思想，僅以《周易略例·明象》為討論範圍，「言」指卦爻辭，「象」為卦象，「意」是卦義。後者取材表述範圍較前者來得集中，因而名之為「狹義的言意之

辨」，前者則相對名之為「廣義的言意之辨」。[59]今人若欲了解王弼言意思想，非得先了解其「無」的哲學義涵不可，因「以無為本」是王弼整個玄學體系最重要的思想綱領。

（一）「以無為本」的本體論

王弼玄學最重要的核心概念是「無」，是以後人多以「貴無論」稱其玄學思想特色。《晉書》〈王衍傳〉是最早可見其「貴無」的文獻資料。

> 魏正始中，何晏、王弼等祖述《老》、《莊》，立論以為：天地萬物皆以無為本。無也者，開物成務，無往不存者也。陰陽恃之以化生，萬物恃之以成形，賢者恃以成德，不肖恃以免身，故無之為用，無爵而貴矣。[60]

王弼認為「無」是天地萬物的根據。天地萬物不論是客觀的自然世界，或是主觀的人文價值世界，都得依賴「無」而得以化生形成或成德保身。所以說「無」是萬物之始，是萬物得以生成的根本，且物之所在皆存，具有普遍性。又王弼曰：

> 凡有皆始於無，……萬物始於微而後成，始於無而後生。[61]
> （《老子第一章注》）

---

59 吳曉菁《王弼言意之辨研究》（臺北：政大中文研究所碩士論文，1995 年 6 月），頁 152。

60 見唐・房玄齡《晉書》，新校本二十五史，楊家駱主編（臺北：鼎文，1975 年），頁 1236。

61 見《王弼集校釋》，頁 1。

> 天下之物，皆以有為生，有之所始，以無為本。將欲全
> 有，必反於無也。[62]（《老子第四十章注》）

　　王弼延續老子「天地萬物生於有，有生於無」（老子四十章）
的想法，但王弼「無」的概念跟老子所言之「無」又不盡相同。
老子哲學體系分「無」、「有」、及「天地萬物」三層次，老子的
「無」偏向於道體而言。而王弼玄學體系則是分為「無」、「有」
二層，王弼的「無」傾向於「本體」、「本根」以及「萬物的生
成」而言，「有」則代表萬物、現象界。依王弼的說法，天下萬
物皆是以「有」的形態為存在的狀態，而萬物的存在又必須以
「無」為其根本、本體。人們唯有返回持守「無為無心」的心
靈狀態，才能保全住萬事萬物的價值意義，此乃王弼「貴無」
之精神所在。

> 四象不形，則大象無以暢；五音不聲，則大音無以至。
> 四象形而物無所主焉，則大象暢矣；五音聲而心無所適
> 焉，則大音至矣。[63]

　　如果沒有「金、木、水、火」四個具體物象，沒有「宮、
商、角、徵、羽」五音，那麼大象的作用也就無法暢通，大音
的作用也就無從達到。大象雖通過四象具體表現出來，大音雖
通過五音具體表達出來，但不以四象中某一象、五音中任一音
作為宗主，而有所偏執，這樣大象、大音就能夠暢通無阻。這
裏的大象、大音是四象、五音的本質，以此說明「本無」不能

62　同前註，見頁 110。
63　《王弼集校釋》，頁 195。

脫離「末有」而存在的思想。[64]也就是說：無的常道，是無法由它自身彰顯自己，必藉萬物（有）才能彰顯。因為，離開萬物（有）也就無所謂道的存在。這是理解王弼玄學的一個重要原則。[65]

王弼本著「將欲全有，必反於無」的老子本體論詮釋易學的本體論。據韓康伯《周易・繫辭上》注引王弼「大衍義」曰：

> 夫無不可以無明，必因於有，故常於有物之極，而必明其所由之宗也。[66]

「無」不能掛空地存在，「無」是就著萬物（有）而顯現出自身，且作為萬物之宗主。所以，「無」是從統觀天地萬物（「有物之極」）之中，而必然得出的天地萬物之所以存在的根本或原則（「所由之宗」）。這也就是說，王弼把「無」看作是存在於天地萬物之中，而天地萬物賴以存在的一種共同根據。他並不把「無」當作一個在天地萬物之上之後而生出天地萬物的實體來看待的。在王弼看來，所謂「無」生「有」，不是像母生子，此物生彼物那樣一種關係。[67]在時間上，「無」不是在「有」之前存在；在空間上，「無」不是在「有」之外存在。「無」是貫通于「有」之中，通過「有」表現出宗主、本體、道的作用。[68] 王

---

64 見許抗生、陳戰國、李中華、那薇等著《魏晉玄學史》（西安：陝西師範大學出版社，1989 年 7 月），頁 87。
65 莊耀郎先生《王弼玄學》（臺北：臺灣師大國文研究所博士論文，1991 年 6 月），頁 192。
66 《王弼集校釋》，見頁 548。
67 同前註，見頁 5。
68 見《魏晉玄學史》，頁 86。

弼又說：

> 復者，反本之謂也。天地以本為心者也。凡動息則靜，
> 靜非對動者也；語息則默，默非對語者也。然則天地雖
> 大，富有萬物，雷動風行，運化萬變，寂然至無是其本
> 矣。故動息地中，乃天地之心見也。若其以有為心，則
> 異類未獲具存矣。（《周易注》復卦象曰「復其見天地
> 之心乎」句）[69]

王弼在此更進一步闡釋「無」為天地之心的本體思想。動、
語為現象，靜、默為本體。動靜、語默並非相互對立，而是一
種由本而末，由有顯無的循環。也就是說，萬物依據「無」而
生，最後又以「無」為歸宿。因此可以把王弼的哲學看作是一
個從「無」至「無」的圓圈[70]，而此「無」正是王弼玄學之總綱領。

王弼與裴徽所論「聖人體無」及「老子是有」的觀點，是
王弼玄學最核心的思想。

> 裴徽為吏部郎，弼未弱冠，往造焉。徽一見而異之，問
> 弼曰：「夫無者，誠萬物之所資也，然聖人莫肯致言，
> 而老子申之無已，者何？」弼曰：「聖人體無，無又不
> 可以訓，故不說也。老子是有者也，故恆言無所不足。」
> 《魏志·鍾會傳注》[71]

69　《王弼集校釋》，頁 336-337。
70　見《魏晉玄學史》見頁 91。
71　見晉·陳壽撰，宋·裴松之注《三國志》（臺北：鼎文書局），頁 795。此段文
　　字亦見引於《世說新語·文學》，其文作：聖人體無，無又不可以訓，故言必
　　及有，老莊未免於有，恆訓其所不足。

　　王弼以為「無」是不可言說的。聖人與老子間的差異在於：聖人（孔子）體現實踐「無」的道理，深知「無」是無法透過經驗語言來表達，故採不說立場，所以展現其生命境界形態是無累、無為、無心。而老子雖主觀情境上一心體「無」，然而實際上卻「未免於有（有累）」，身處「有」界，仍甘犯「無不可訓」之大不韙，呶呶為「無」訓說，而這正是老子的境界比不上聖人的地方。[72]可知王弼崇孔抑老，以「無」為本。

（二）王弼老學的言意觀

1.《老子》中的「言」：名號和稱謂

　　本節要說明的是王弼如何透過對名號、稱謂的辨析，進而認識老子所言之道。在王弼老學言意理論中的「言」即指名號、稱謂，而「意」是指聖人之道。

　　自從老子首先提出「道可道，非常道；名可名，非常名。」此命題後，便引發後世學者對語言與思想兩者關係的研究興趣。莊子是將老子思想發揚光大者，而王弼則是詮釋老學的佼佼者。

　　王弼分辨「名號」與「稱謂」兩組不同的傳釋語言。名號是用來指實有形有象的具體存在物，然在指涉道時，不免「大失其旨」。稱謂則是虛指心中之意，具有啟發或點撥出隱微旨趣的作用，但在指涉不可言說、不可思議的大道時，稱謂畢竟亦無法充盡表述之，故不免陷入「未盡其極」之窘困。是以，王

72　《王弼言意之辨研究》，頁 123-124。

弼提出超乎名號與稱謂層次的「無稱之言」，來表詮說明常道。
在〈老子指略〉中，王弼對名號與稱謂作了明確而有系統的區
分。

> 名也者，定彼者也；稱也者，從謂者也。名生乎彼，稱
> 出乎我。故涉之乎無物而不由，則稱之曰道；求之乎無
> 妙而不出，則謂之曰玄。妙出乎玄，眾由乎道。故「生
> 之畜之」，不壅不塞，通物之性，道之謂也。「生而不
> 有，為而不恃，長而不宰」，有德而無主，玄之德也。
> 「玄」，謂之深者也；「道」，稱之大者也。名號生乎
> 形狀，稱謂出乎涉求。名號不虛生，稱謂不虛出。故名
> 號則大失其旨，稱謂則未盡其極。是以謂玄則「玄之又
> 玄」，稱道則「域中有四大」也。[73]

名號能明確指實特定的事物，所以說名號是「定彼者也」。
而所謂「名生乎彼」，「彼」是指事物，名號的制定是由客觀有
形的事物決定。而「名號生乎形狀」之說，更可證明王弼所謂
的「名號」，其所指實的對象，乃是現象世界中可以見其形、可
以狀其樣態的客觀具體事物。此客觀的具體事物和名號之間必
定有著對應的關係，即名實相應，「有此名必有此形」、「有此形
必有其分」。一個名號的產生，是因為已有客觀事物先存在，然
後為之制定的，而非先制訂一名號之後，再去尋找與此名號相
符應的實物。[74]所以說「名號不虛生」。由此可知，名號的使用
是在經驗層次上說，此和道是分屬不同層次的。此義在王弼《老

73　《王弼集校釋》，頁 197-198。
74　《王弼玄學》，頁 224。

子》第一章注文即清楚說明，曰：

> 可道之道，可名之名，指事造形，非其常也。故不可道，
> 不可名也。

關於「指事造形」四字，學者們看法約可分為二說，一說
認為「指事造形」是指「六書」中之「指事」與「象形」，此說
以錢鍾書主之。[75]許慎《說文解字序》論六書云：「指事者，視
而可識，察而見意。」「指事」是意指眼見而辨識之，審察而知
其意旨，其所指所識者當屬一具體之物象，一特定之對象。「造
形」則是意指有一定形象物體可造訪，牟宗三先生主此說。[76]此
可指可造之事形，必為形下之事物，而事物不能常久不變，不
能永恆存在，因而此有事有形可指可造之可道與可名之道，不
是「常道」，能常者，唯無形無事可造可指，不落於形下事物，
亦不能為人之感官所能知者。故「常道」是超自然界之一切事
物者，自客觀言，非「定名」所能定；自主觀言，亦非「稱謂」
所能指盡。[77]

何謂「稱謂」？〈老子指略〉云：「稱也者，從謂者也」、「稱
出乎我」，又說：「稱謂出乎涉求。」「稱」是出乎主觀意向的涉

---

75 見錢鍾書《管錐編》（臺北：書林，1990 年），頁 404。錢先生以為：「王弼註
　以『指事造形』說『名』，即借『六書』之『指事』『象形』。」
76 參見牟宗三《才性與玄理》（臺北：臺灣學生書局，1993 年 8 月），頁 129。
　牟先生言：「『指事』意即指陳一具體之物象，指述一特定之對象。可道之道，
　可名之名，皆指陳一具體物象，指述一特定對象之道與名也。……然則『造』
　者當是『造訪』之造。造者，訪也，詢也，問也。引申之，尋也，循也，順
　也。造形者即尋形、循形之謂。言可道之道，可名之名，皆指乎事，循乎形，
　故非恆常不變之大道。指乎事，則為事所限。循乎形，則為形所定。自非恆
　常不變之至道。」
77 參見方穎嫻《先秦道家與玄學佛學》（臺北：臺灣學生書局，1986 年），頁 68。

求，是隨心中意向的流轉而變動不居。此「意向」非泛言「意念欲求」之意，而是指向不可道、不可名之意，是不可言傳，言所不能盡之意。[78]至於「稱」和「謂」在王弼的觀點中，似屬同一層次。然而兩者間似稍有區別：「涉之乎無物而不由，則稱之曰道；求之乎無妙而不出，則謂之曰玄。」「稱」字有權衡輕重之意，《說文》云：「稱，銓也。」段注曰：「銓者，衡也。」[79]「道」是「無物而不由」的，它是萬物之本體，萬物都在其作用下彰顯功能。王弼在指涉一般存有物與最高存有者（即道）之間，特別用「稱」字來權衡表述「道」，以示區別於一般存有物。至於「謂」的字義，《廣雅‧釋言》云：「謂，指也。」[80]張湛《列子‧說符》云：「謂者，所以發言之旨趣。發言之旨趣，則是言之微者。」[81]可知「謂」所指涉之旨趣，偏重在隱微之旨趣。如王弼所言：「求之乎無妙而不出，則謂之曰玄。」其實，在王弼看來，不論是權衡表述的「稱」，抑或是指涉隱微旨趣的「謂」，都有指示方向供人遵循之意，在此前提下，「稱」與「謂」屬於同一層次。但「稱也者，從謂者也。」「稱」之於「謂」，仍居於附屬、隨從的地位。[82]

　　在分辨名號和稱謂後，接著要討論的是名號與稱謂在相對於常道時，作為描述常道的語言，有何限制。

　　　　名之不能當，稱之不能既。名必有所分，稱必有所由。

---

78 《王弼玄學》，見頁 225。

79 段玉裁《說文解字注》（臺北：黎明文化，1988 年），頁 330。

80 清、王念孫疏《廣雅》四部備要本卷五下（臺北：中華書局，1965 年），頁 2。

81 張湛《列子集釋》，頁 159-160。

82 《王弼言意之辨研究》，頁 122。

有分則有不兼，有由則有不盡；不兼則大殊其真，不盡則不可以名。[83]

前面提到「可道之道，可名之名，指事造形，非其常也。」名號原非為表述大道而制訂，故若欲通過名號來認識大道，必會失其旨趣。王弼言：名號則大失其旨。他認為名號不能完美地反映大道（名之不能當）。為什麼「名」之不能「當」？王弼以為：「名必有所分」、「有分則有不兼」、「不兼則大殊其真」。「有所分」之「分」，有「部分」、「區分」之義，和「兼」相對。「名號」因是分別代表個別、特定的事物，所以不能兼指其它。「有分不兼」是指名號有其別析的特性。王弼曰：「無所別析，不可為名。」（《老子》二十章注，頁 48）「有形則有分，有分者，不溫則涼，不炎則寒」、「有聲則有分，有分則不宮而商矣。」（《老子》四十一章注，頁 113）不同之事物則有不同之名號，例如甲物和乙物之名號必不相同，且兩者之分際也因名號之具有區別性、獨佔性而得以別析清楚，而不致混淆。有分是從正面指出名號的所當分位，釐清分際；不兼則是由反面指出名號無法統括，總彙群有的限制性。[84]「名號」既無有施用，則有「稱謂」之起，以濟名號之不足。

前面提過「稱謂」是出於主觀我之有所涉求，由於主觀我誠屬有限，故涉求勢必難以窮盡無限常道之內容，所以王弼云：「稱謂則未盡其極。」又關於稱謂在表達常道的不足這一點上，王弼在〈老子指略〉也提到：

83　《王弼集校釋》，頁 196。
84　《王弼玄學》，頁 72。

　　夫「道」也者，取乎萬物之所由也；「玄」也者，取乎
幽冥之所出也；「深」也者，取乎探賾而不可究也；「大」
也者，取乎彌綸而不可極也；「遠」也者，取乎綿邈而
不可及也；「微」也者，取乎幽微而不可睹也。然則「道」、
「玄」、「深」、「大」、「微」、「遠」之言，各有
其義，未盡其極者也。[85]

　　「道」是包容萬有的，若取它是「萬物所依循」（萬物之所
由）這一點來看，人們則可用「道」這個稱謂來稱呼它；若取
它是「幽微奧妙之源頭」（幽冥之所出）這一點來看，人們則可
用「玄」這個稱謂來稱呼它；若取它是「深入探求而無法窮究」
（探賾而不可究）這一點來看，人們則可用「深」這個稱謂來
稱呼它；若取它是「包含廣泛而沒有極盡」（彌綸而不可極）這
一點來看，人們則可用「大」這個稱謂來稱呼它；若取它是「深
遠悠長而無法達至」（綿邈而不可及）這一點來看，人們則可用
「遠」這個稱謂來稱呼它；若取它是「幽深微妙而無由窺見」（幽
微而不可睹）這一點來看，人們則可用「微」這個稱謂來稱呼
它。而「萬物之所由」是「道」字之義；「幽冥之所出」是「玄」
字之義；「探賾而不可究」，是「深」字之義；「取乎彌綸而不可
極」是「大」字之義；「綿邈而不可及」是「遠」字之義；「幽
微而不可睹」是「微」字之義。「道」、「玄」、「深」、「大」、「遠」、
「微」等字皆有本身所含之意義，所以說：「各有其義」。[86]顯然，

85　《王弼集校釋》，頁 196。
86　《魏晉言意之辨研究》，頁 21。

「道」只是作為眾多的稱謂之一，而所有稱謂（「玄」、「深」、「大」、「遠」、「微」）也都只是方便借用，且偏而不全地分別取某個「義」來稱謂形上不可極之常道，而沒有全面地「盡其極」。所以王弼以為稱謂不能窮盡常道之義蘊（「稱之不能盡」）。為什麼「稱之不能盡」？〈老子指略〉提到：「稱必有所由……，有由則有不盡……，不盡則不可以名。」「有所由」之「由」，有「從、遵循」之意，可解為「有所依據」。「稱必有所由」，即顯示「稱」仍是、必然是有所取向的，從而也是有所憑藉、有條件、有跡可循的。有此可推演出「有由則有不盡」之命題。宇宙本根是超越一切限制、條件的，「稱」在執行表詮的任務之際，由於本身受到限制（稱有所由），所以無法窮盡事物。王弼接著說：「不盡則不可以名」，既然「稱謂」無法酣暢無虞地表達清楚事物，便無須勉強以名狀述之，以免造成過猶不及的窘困。[87]故總括的來說，名號和稱謂都有所不足。

　　「稱謂」既有不足，王弼「窮則變，變則通」，在「稱謂」之層次上加入「無稱」的新名稱，來說明常道。

> 自然者，無稱之言，窮極之辭也。[88]（《老子》二十五章「道法自然」注）

> 四大，道、天、地、王也，凡物有稱有名，則非其極也。言道則有所由，有所由然後謂之為道，然則道是稱中之大也，不若無稱之大也。無稱不可得而名，故曰域也。

87　《王弼言意之辨研究》，參頁119。

> 道、天、地、王皆在乎無稱之內，故曰：「域中有四大」
> 者也。[89]（《老子》二十五章「域中有四大」句注）

　　道、天、地、王皆在「域」中，所謂「域」是指「無稱不
可得而名」。萬物自生自濟、自化、自長、自足、自成，而不知
其所主，此不知其主之主名曰「自然」。「自然者，無稱之言，
窮極之辭」。常道的內容，歸終之則可以統之於自然。[90]王弼以
「無稱」、「自然」言「道」，只是「虛指」，並無直接指涉的意
義。然而這一虛指可以使道之「無」具有積極的意義[91]，即是藉
此「無稱」，脫離語言「有所分，有所由」在形象意義及觀點上
的限制。透過「無稱」這一環節的作用，將「名號」與「稱謂」
原本存在的矛盾，消彌於無形無名之中，進而具存無限之意涵
而與道為一。[92]

　　綜上所述，王弼指出《老子》所使用語言的三個層次，由
名號到稱謂，以至於無稱之言、窮極之辭，並由此看出名言（名
號、稱謂）是不能盡聖人之意（即道）的。

2.《老子》中的「意」：聖人之道

　　「道」是老子哲學觀念中居宗主地位者，而王弼則是首先
以「無」的觀念來表達老子「道」的本體義涵。《老子》四十二
章云：「道生一，一生二，二生三，三生萬物，萬物負陽而抱陰，

---

88 《王弼集校釋》，頁 65。
89 同前註，頁 64。
90 《王弼玄學》，頁 229。
91 蔡振豐《王弼言意理論及其玄學方法》（臺北：臺大中文研究所碩士論文，1995
　　年 6 月），頁 159。
92 《王弼言意之辨研究》，頁 120。

充氣以為和。」王弼注曰：「萬物萬形，其歸一也。何由致一？由於無也。」[93]可知「以無為本」是王弼對老子「道」的領悟。又〈老子指略〉云：「夫物之所以生，功之所以成，必生乎無形，由乎無名。無形無名者，萬物之宗也。」[94]王弼以為作為萬物宗主的「道」具有「無形無名」之特性。王弼言道是：

> 不溫不涼，不宮不商。聽之不可得而聞，視之不可得而彰，體之不可得而知，味之不可得而嘗。故其為物也則混成，為象也則無形，為音也則希聲，為味也則無呈。故能為品物之宗主，苞通天地，靡使不經也。若溫也則不能涼矣，宮也則不能商矣。[95]

王弼以為常道不是一具體事物，不具備任何具體事物所有的屬性，所以沒有所謂溫或涼、宮或商的屬性，且非觸覺所能感知，非視覺所能察見，非聽覺所能聞知，非味覺所能品嘗之。這即是王弼對作為本體的「萬物之宗」最完整的發揮。《老子》十四章注亦云：

> 無狀無象，無聲無響，故能無所不通，無所不往。不得而知，更我以耳、目、體不知為名，故不可致詰，混而為一也。[96]

王弼所言耳、目、體之感官，乃是舉例以概括之意，表示常道

---

93 《王弼集校釋》，頁117。
94 同前註，頁195。
95 同前註。
96 同前註，頁31。

具有超越的特性，它超越感官的認知，無法為感官所把握。同樣的，在其他章注中，王弼每提及「道」多以「無形無名」（第一章注）、「道常無名」（第三十二章注）、「隱而無名」（第四十一章注）等語形容之。由此可知，要給予常道一確定之名是極為困難的，因為「名號生乎形狀」，有「定彼」的功能，此與道的「無形無體」是不相容的。所以藉由名號來描述道的語言，就不免受到限制的了。只是，人們若不試著表達，則「道」永無被理解的可能。因此，王弼藉「道、玄、深、大、微、遠」等稱謂來稱呼、表述無形無名的「道」。每一稱謂即一涉求，而且僅僅只涉求常道內容之一端。〈老子指略〉言：「故涉之乎無物而不由，則稱之曰『道』，求之乎無妙而不出，則謂之曰『玄』。」「道」原是指道路之義，此具體有形之道，是專為某物而由，因而有所限，至於無所限且能使無物而不由之道，事實上是居於不可名狀、不可言說之層次上。稱之曰道，只是方便借用，借形下有限之道路義，來稱謂形上不可極之大道。[97]王弼言：「不塞其原，則物自生。」「不禁其性，則物自濟。」[98]（老子第十章注）指道常無為，則萬物自生自化自足自成。故稱道者，乃「無」之形式意義，無或無為，才是道之具體內容。至於「玄」是深奧、微妙而不可測度之義。「眾妙出於玄」，妙是主觀心境沖虛玄冥所表現無限之神用。萬物也就在此妙用中各遂其生，而不知其所以生；無所不為而不知其所以恃，各得其長而不知其所以主[99]，這就是深遠玄冥之玄德。玄德這個不主之義，牟宗

97　《王弼玄學》，頁 70。
98　《王弼集校釋》，頁 24。
99　《王弼玄學》，頁 70、99、229。

三先生說：「『道』乃『沖虛之玄德』。」

> 此沖虛玄德之為萬物之宗主，亦非客觀地置定一存有型
> 之實體名曰沖虛玄德，以為宗主。若如此解，則又實物
> 化而為不虛不玄矣。是又名以定之者矣。此沖虛玄德之
> 為宗主實非「存有型」，而乃「境界型」者。蓋必本於
> 主觀修證，（致虛守靜之修證），所證之沖虛之境界，
> 即由此沖虛境界，而起沖虛之觀照。此為主觀修證所證
> 之沖虛之無外之客觀地或絕對地廣被。此沖虛玄德之「內
> 容的意義」完全由主觀修證而證實。非是客觀地對於一
> 實體之理論的觀想。故其無外之客觀的廣披，絕對的廣
> 披，乃即以此所親切證實之沖虛而虛靈一切，明通一切，
> 即如此說為萬物之宗主。此為境界形態之宗主，境界形
> 態之體，非存有形態之宗主，存有形態之體也。以自己
> 主體之虛明而虛明一切。一虛明，一切虛明。而主體虛
> 明之圓證中，實亦無主亦無客，而為一玄冥之絕對。然
> 卻必以主體親證為主座而至朗然玄冥之絕對。故「沖虛
> 之無」之在親證上為體，亦即在萬物上為宗也。[100]

　　吾人不能從實有層面來分析道，而是必須透過作用層上之
不主之妙用來觀照道體，也就是說，吾人必須從體驗、人生修
養方面觀照道體。所以「道」在王弼玄學體系中所建構的「本
無」之「道體」，乃是構築在主觀境界之設定上，此言「道」乃
是一作用層上境界型態沖虛之所照，而非存有層上客觀實體形

100　《才性與玄理》，頁142。

態之道。在這個基礎上，總結王弼老學的「道」有宗主性（道「無形無名」，為萬物之宗主）；具有超越性（「道」超越物象之存有）；普遍性（「道」所在皆存）及永恆性（「道」永恆不變）。

（三）王弼易學的言意觀

1.「得意忘象」說之學術淵源

　　王弼易學主要著作是《周易注》和《周易略例》。《周易略例》是《周易注》之思想綱領，是以《周易注》的精神和原則盡在《周易略例》。而其〈明象〉篇則是王弼言意思想資料中最重要的一篇文獻。

　　吾人可經由〈明象〉篇，見其王弼「得意忘象」說的主要依據有二：一是本於《周易・繫辭上傳》：「子曰：『書不盡言，言不盡意。』然則聖人之意，其不可見乎？子曰：『聖人立象以盡意，設卦以盡情偽，繫辭焉以盡其言，變而通之以盡利，鼓之舞之以盡神。』」其中「言不盡意」與「立象以盡意」兩句特別值得玩味。所謂「言不盡意」是說語言文字本身在表達情意的功能上有其局限性，無法充分表達某種意念。因為語言文字的表意方式，是要運用概念的，而概念在意義的表達上是確定的，同時也是有限定性的。如說它是「有」，不能同時又是「無」。因此如果要用語言文字來表達有無圓融的玄理，便難以盡意。因此，王弼接受〈繫辭傳〉「聖人立象以盡意」的說法，並且認為「盡意莫若象」。卦、爻象皆是運用特有的活潑象徵性來表達意

念，以彌補語言文字的局限與不足。所謂象徵，是一種比擬[101]，是一種設定。[102]它在意念的表達上則是一種指點，一種啟發。這與語言文字的描述、論謂有著顯著地不同。然而「立象以盡意」並非零缺點，它在意念的表達上不如語言文字在表意上那般確定而明晰。不過王弼以為卦、爻辭對於象的解說可以彌補這項缺點。「盡象莫若言」，有了卦、爻辭的解說，卦、爻象的意義就不是可以任意穿鑿附會的了。[103]至於王弼易學言意理論另一個重要依據則來自《莊子・外物》:「筌者所以在魚，得魚而忘筌；蹄者所以在兔，得兔而忘蹄；言者所以在意，得意而忘言。吾安得夫忘言之人而與之言哉！」[104]在莊子看來，筌、蹄、言相對於目的，只是起一種工具的作用，達到目的後，就不須再拘執固守於工具和表象。莊子實已涉獵到工具層之意義，但並未明確指出工具層的正面價值。而王弼則是在繼承老莊不執著的精神下，對以作為工具的筌蹄之本質有更深刻的反省。他成功融合儒家「言不盡意」、「立象以盡意」以及道家的「得意忘言」于一爐，構成嶄新的儒道融合的玄學方法論，自創「忘言忘象得意」說之言意觀。接著，我們按其王弼行文的順序，對這一理論的內容，作一較清晰的闡述。

---

101 〈繫辭傳〉云:「聖人有以見天下之賾，而擬諸其形容，象其物宜，是故謂之象。」

102 戴璉璋言:「《周易略例・明象》:『是故觸類可為其象，合義可為其徵。義苟在健，何必馬乎？類苟在順，何必牛乎？爻苟合順，何必坤乃為牛？義苟應健，何必乾乃為馬？』據此可知，王弼認為某種物象可用以象徵某種意義，是人所設定，沒有必然不可移易的理由。」戴璉璋〈王弼易學中的玄思〉(臺北:《中國文哲研究集刊》創刊號，1991年3月)，頁221。

103 同前註，頁222。

104 見郭象註《莊子》(臺北縣:藝文印書館，1983年6月)，頁495。

2.忘言忘象得意說

> 夫象者，出意者也；言者，明象者也。盡意莫若象，盡
> 象莫若言。言生於象，故可尋言以觀象；象生於意，故
> 可尋象以觀意。意以象盡，象以言著。[105]

　　在〈明象〉中王弼清楚指出《周易》三要素是言（卦、爻
辭）、象（卦、爻象）、意（聖人作卦之原意）。三者之間存在著
一種遞進的表達關係。王弼認為卦、爻象是用來表達意念的，
而卦、爻辭則是對於卦、爻象所作的說明。因此欲充分表達意
念，非得要藉助卦、爻象；想要清晰地說明卦、爻象，則非得
藉助卦、爻辭不可。於此，王弼將言、象規定為工具的性格實
已確定。〈明象〉所言之「象」之三義，原其所據，乃本於〈繫
辭傳〉。一為卦象義，「是故易者，象也」[106]、「聖人設卦觀象」[107]、
「聖人立象以盡意，設卦以盡情偽」。由此看出《周易》一書是
由卦象的系統所構成的。二為《周易》中所取譬之物象、事象之
屬，「古者庖犧氏之王天下也，仰則觀象於天，俯則觀法於地」[108]、
「是故法象莫大乎天地，變通莫大乎四時，縣象著明莫大乎日
月」。[109]上述所言天地、四時、日月之象，乃為事物之象所屬。
三為象徵義，「是故夫象，聖人有以見天下之賾，而擬諸其形容，
象其物宜，是故謂之象」[110]、「是故吉凶者，失得之象也；悔吝者，

105　《王弼集校釋》，頁 609。
106　見《周易》，頁 168。
107　同前註，頁 145。
108　同前註，頁 166。
109　同前註，頁 157。
110　同前註，頁 158。

憂虞之象也；變化者，進退之象也；剛柔者，晝夜之象也」。[111]象
是聖人所擬作者，是由卦象「以通神明之德，以類萬物之情」
之「通」或「類」的作用。由此作用則內可以透過主觀之修證
以會於天地神明之德，外則可以類分於萬物之實。[112]明乎象有
卦象、物象、象徵三義，則有助於我們理解王弼〈明象〉之大
義。至於〈明象〉中之「意」是指聖人制象（指卦象或物象、
事象之屬）所賦予之意義。聖人藉卦象或事象、物象之屬來表
示或象徵事物之意義，故曰：「象者，出意者也。」然而作為象
徵性符號的「象」在某些方面是較靈巧活潑且義蘊豐富，但相
對地也較模糊，因此便需要不同於一般語言文字的「辭」來加
以呈顯，才能切中聖人意中之理。此類解說卦、爻象之特殊文
字，即是卦、爻辭。象之義涵亦因為有卦、爻辭之說明而得以
彰顯。王弼〈明象〉篇的主旨是探求如何「求意」的問題，是
以推求聖人之「意」須藉由「言」、「象」之途徑。換言之，「言」
和「象」是通往體悟聖人之「意」的橋樑，故王弼說：「言生於
象，故可尋言以觀象。」「象生於意，故可尋象以觀意。」王弼
接著又說：

> 故言者，所以明象，得象而忘言；象者，所以存意，得
> 意而忘象。猶蹄者所以在兔，得兔而忘蹄；筌者所以在
> 魚，得魚而忘筌也。然則，言者，象之蹄也；象者，意
> 之筌也。是故，存言者，非得象者也；存象者，非得意
> 者也。象生於意而存象焉，則所存者乃非其象也；言生

111 同前註，頁 145。
112 《王弼玄學》，頁 352。

> 於象而存言焉，則所存者乃非其言也。然則，忘象者，
> 乃得意者也；忘言者，乃得象者也。得意在忘象，得象
> 在忘言。故立象以盡意，而象可忘也；重畫以盡情，而
> 畫可忘也。

　　王弼〈明象〉立論是循由言由象而得意之序。我們可以透過卦、爻辭，探索「象」的義涵；循著卦、爻象，則可以一探「意」的內容。從功能上說，得意是目的，言和象只是得意的工具。人們的目的是透過言和象去把握意，而不在於存言存象，因此言和象皆可「忘」，所謂「言者所以明象，得象而忘言；象者所以存意，得意而忘象。」言象之於意而言，工具性質意義甚為明顯。既然言、象是一種工具，所以拘泥於卦、爻辭上，無法獲得卦、爻象；執著於卦、爻象上，也無法獲知卦、爻義。此即「存言者，非得象者也。存象者，非得意者也。」此處所言「存」是執守不放之意，和「象者所以存意的『存』（意為表出）」不盡相同。緊接著，王弼引用《莊子》蹄筌之譬喻，以卦、爻辭為卦、爻象之蹄，卦、爻象是意之筌，來提醒人們對於卦、爻辭（蹄）與卦、爻象（筌）都不能執著。因為如果執著於卦、爻辭（蹄）與卦、爻象（筌），則無異是停滯陷溺於過程而未達於目的，忽略了言象作為工具的功能，也就無法理解、通透象的內容或意的豐富內涵。因此王弼強調「得象而忘言」、「得意而忘象」。他又說：「得意在忘象，得象在忘言。」此二者有何不同？前者論述之重點在於說明言象既然是工具，故得意之後，即可忘象；得象之後，亦可忘言。後者則重在說明能否「忘」

乃為能否「得」之關鍵。[113]「得意」之關鍵在於「忘象」,「得象」的關鍵在於「忘言」。「在」字在此處是強調其關鍵性,而「忘」字則有不拘執於言象之意味。前兩句的意思是「得而後忘」,後兩句的意思則是「得在於忘」,即「忘而後得」。究竟是先得而後忘,抑或是先忘而後得呢?王弼所謂「忘」,應該是本於《莊子》「坐忘」的說法。「忘」在《莊子》哲學中是極重要的一環,「坐忘」乃是一個由外到內、由粗到精、由物質到精神、從人間到個人主觀意念的桎梏一一解除,達到逍遙的、與「道」冥合之「遊」的境界。[114]人要得「大道」,關鍵在於能「忘」;至於「得意」的關鍵即在要能「忘言忘象」。所謂「忘言忘象」,不是捨棄言與象而根本不用之意,而是在「尋言」、「尋象」且有所得之後,超越此言與象,袪除對於言與象的執著。必須要有這層超越、袪除的工夫,所得之象與意才能夠保存得住,才不至於變質,才不至於得而復失。所以在王弼的玄思中,先得而後忘抑或是先忘而後得的問題根本不存在。在他看來,得與忘有著密切的關聯,即是:得而後當忘,忘而後可以真得。此乃王弼繼承老、莊的玄學思想來處理易學之中言、象、意三者關係所創發的卓識。[115]

「得象忘言」、「得意忘象」作為一種把握《易》學之方法論,這是王弼為反對漢儒象數易而創發的。他在〈明象〉中說:

113　同前註,頁 358。

114　吳曉青〈王弼言意觀初探〉(臺北:《中華學報》第四十三期,1993 年 3 月),頁 126。

115　〈王弼易學中的玄思〉,頁 223。

> 是故觸類可為其象，合義可為其徵。義苟在健，何必馬
> 乎？類苟在順，何必牛乎？爻苟合順，何必坤乃為牛？
> 義苟應健，何必乾乃為馬？

此乃是言王弼不拘執卦象之大要。內容是說：凡是觸及事物遇到義類相近者，則可以作為象，並表其意，且可互相徵驗。例如乾健坤順，其為義也；乾馬坤牛，其為象也。然而馬、牛只是取來以例證乾健坤順，無須乾必定為馬，亦無須坤必定為牛。除馬、牛之外，任何東西皆可作例證，毋須拘執。如《易經・說卦傳》中作為《乾》卦的象徵事物有天、君、父、首、馬、玉等等，作為《乾》卦的義類則有健、剛、大、上等等。[116]不僅《乾》卦如此，其他各卦亦是如此。所以凡是合於剛健之義者，不必定於以馬為象；合於柔順之義者，亦不限以牛為象。又正因為象是為例證，不能拘執，故可忘也。因此只要明白剛健之義，則「馬」之象可忘；只要明白柔順之義，則「牛」之象亦可忘也。最後王弼則針對漢代象數易的局限與流弊，予以批評，並藉此說明王弼之所以提出「得象忘言、得意忘象」的理論背景。

> 而或者定馬於乾，案文責卦，有馬無乾，則偽說滋漫，
> 難可紀矣。互體不足，遂及卦變；變又不足，推致五行。
> 一失其原，巧愈彌甚。從復或值，而義無所取。蓋存象
> 忘意之由也。忘象以求其意，義斯見矣。

---

116 參戴璉璋著《易傳之形成及其思想》（臺北：文津出版社，1997年2月），頁168。

　　漢儒往往是拘泥於乾必為馬、坤必為牛，然而在《易經》中卻有以馬為象，卻不必應於乾者。如《坤》卦之象曰：「牝馬地類」[117]即是一例（有馬無乾）。至於互體、卦變、五行之說皆為漢人濟象數之窮而提出的解易方法，王弼卻不以為然，他認為若是一味地執守於象數，反會錯失聖人欲藉牛馬作為象徵、指引的真正義涵。因此提出「忘象以求其意」，即是為了擺脫「偽說滋漫，難可紀矣」、「一失其原，巧愈彌甚」的繁瑣。唯有不拘執於卦的一象一言，而是超越言和象，以尋求其意義，才能抓住領會《周易》應當而且必須掌握的東西。此乃王弼〈明象〉之用心。

　　牟宗三先生在《周易的自然哲學與道德函義》中提到「象」在知識中之必須，即「象」不可忘的理由是：「離了『象』，我們沒有『比較』，沒有『相似』，沒有歸類。……有了『象』，我們始有歸納，始有類推，始有相似，始有比較。……即使王弼得『意』也得由『象』而表徵出。『象』與『意』固然是兩回事；但離了『象』即不能有『意』。『意』就是由『象』之互相例證類比而發生出。得了『意』而忘『象』是忘本的事。」[118]牟先生雖以為漢人的象數是不能忘的，但更提出王氏忘象論的好處是：「使人認識真本體，不要以思想上的方便取向或例證作為實有。使人知道零碎的例證只是工具，不是目的。使人知道固執于例證或象徵並不能助我們得著真理，得著完全的知識。使人知道唯有超脫了象數的單簡，拘執，或孤獨，使能得著貫通之

117 見《周易》，頁 18。
118 見牟宗三《周易的自然哲學與道德函義》（臺北：文津出版社，1988 年 4 月），頁 113-114。

理。」[119]可知牟先生對王弼的「得意忘象」說給予高度的肯定。
其實，王弼雖然主張不拘泥於象數，但並非是完全擯棄象數而
不顧，他在解易中，即有採用取象的方法。如在《井卦》的注
釋中，就指出「木上有水，井之象也。」[120]由此可知，王弼解
易是出入於象數，通過象數而不執著於象數的。

　　在此篇文獻中，王弼集中討論言、意、象三者之間的關係。
「言」是「象」的存在形式，「象」既作為「言」的內容，又作
為聖人用以傳導「意」的「象徵」的形式。他首先提到「象」
有顯現易理的作用，而卦辭等語言文字則有點明「象」所具有
的象徵意義，以便讓我們能真正體會到易理。接著舉兔蹄魚筌
為例，提醒我們若執守、拘泥於語言文字，或死守於象，其真
意將無法獲得。因為言與象皆為得意之工具，而非目的，目的
是在於體會其意。故說理應不滯於名相，宜乎忘言忘象，始可
獲得「意」之實質內涵，進而體會其含蘊之深義。湯用彤對此
提出精闢中肯的看法，他說：「吾人解《易》要當不滯於名言，
忘言忘象，體會其所蘊之義，則聖人之意乃昭然可見。王弼依
此方法，仍（乃）將漢易象數之學一舉而廓清之，漢代經學轉
而為魏晉玄學，其基礎由此可奠定矣。」[121]由此可知，王弼超
脫「言」、「象」之表相，而把握「意」之實質，開展出魏晉時
期玄思玄妙之境界，對魏晉玄學的發展產生了深遠的影響。當
時名士多以「得意忘言」作為思想利器，以此注解儒道經典或
闡發自己的思想。如郭象對《莊子》一書難以發揮之處，往往

119　同前註，頁 111-112。
120　《周易》，頁 110。
121　見湯用彤《魏晉玄學論稿》（臺北：里仁書局，1995 年 8 月），頁 26。

採取「寄言出意」的方法，闡發新意。他在《莊子‧逍遙遊》中言：「鵬鯤之實，吾所未詳也。夫莊子之大意，在乎逍遙遊放，無為而自得，故極小大之致以明性分之適。達觀之士，宜要其會歸而遺其所寄，不足事事曲與生說。自不害其弘旨，皆可略之耳。」[122]此即是說郭象在注莊闡發玄思時，無須摘章摘句，只要抓住要點即可。所謂的「寄言出意」乃是由「得意忘言」靈轉而來。

　　總之，王弼透過「得意忘言」的方法重新解釋儒道經典，創造出新「意」新「理」，相較之下，其言意關係的論述內容比同一時期的荀粲深刻得多，影響也較為廣泛，對推動學術思想的發展有莫大貢獻。

二、庾闡：蓍龜論

　　庾闡「蓍龜論」，不是對「名言」問題做探討，而是在於迷信的破除。但是，它卻對魏晉言意思想提供了另一個思考的空間。

　　　夫物生而後有象，有象而後有數，有數而後吉凶存焉。蓍者尋數之主，非神明之所存；龜者啟兆之質，非靈照之所生。何以明之？夫求物于闇室，夜鑒者得之；無夜鑒之朗，又以火得之。得之功同也，致功之跡異也。不可見，目因火鑒，便謂火為目；神憑蓍通，又謂蓍為神也。由此言之，神明之道，則大賢之闇室；蓍龜之用，

豈非顏子之龍燭邪？著龜之運，亦所以感興卦兆，求通逆數，又非爻象之體，擬議之極者也。安得超登仙而含靈獨備哉？且殊方之卜，或責象草木，或取類瓦石，而吉凶之應，不異著龜。此為神通之主，自有妙會，不由形器。尋理之器，或因他方，不繫著龜。然經有天生神物，不載圓神之說。言者所由也。直稱神之美，以及其跡。亦猶筌雖得魚，筌非魚也；蹄雖得兔，蹄非兔也。是以象以求妙，妙得則象忘；著以求神，神窮則著廢。[123]

　　庾闡此論與王弼《周易略例》明象篇「得意忘象，得象忘言」有相同之論旨。「著者尋數之主，非神明之所存；龜者啟兆之質，非靈照之所生。」庾闡顯然是認為著龜只是尋「數」、啟「兆」之工具，而非神明自身。也就是說著與龜這兩種工具本身是絲毫不具任何鑒知萬物功用的。「著龜之運，亦所以感興卦兆、求通逆數，又非爻象之體，擬議之極者也。安得『超登仙而含靈獨備』哉？」庾闡再次申說著與龜只是「尋數、啟兆」之工具，絕非什麼「爻象之本體」之最高原理，所以人們不值得也不應當把著與龜當成仙物法寶般地崇拜著。「神通之主，自有妙會，不由形器。尋理之器，或因他方，不繫著龜。」庾闡以為人們可以「神明」為主，則任何象、兆是不需假任何形器工具，即有「妙」與「理」可以直接尋會，鑒通萬物。可見形器、著龜只是工具，與「神」、「理」沒有必然本質的關聯。「言者所由也：直稱『神』之美，以及其『跡』。亦猶筌雖得魚，筌非魚也；蹄雖得兔，蹄非兔也。」庾闡認為人們只是為了稱讚

123　見《藝文類聚》，頁 1285-1286。

「神明」的功效而順便提及了它的工具─「跡」（蓍與龜）─，但不能因此說蓍龜本身即是「圓神」。[124]這就像得魚兔本因筌蹄，而筌蹄實異魚兔。他因而結論說：「是以象以求妙，妙得則象忘；蓍以求神，神窮則蓍廢。」這與王弼「得意忘象，得象忘言」有著相同的論證結構。[125]總之，庾闡「蓍龜論」所強調的是：溝通天人之際的重要關鍵，不在於蓍龜，而在於人本身內在的「神明」。因為蓍龜只是工具而已，人們若執守工具，是無法鑒通萬物的；惟有以「神明」為主，才能通達事理，終保元吉。

第三節　言盡意論

　　歐陽建言意思想的資料現存有的只有〈言盡意論〉。現存的〈言盡意論〉是由《藝文類聚》卷十九中輯佚而來。[126]歐陽建在撰寫時是針對當時「言不盡意」的說法而來。〈言盡意論〉一開始便說：

> 有雷同君子問於違眾先生曰：世之論者，以為言不盡意，由來尚矣。至乎通才達識，咸以為然。若夫蔣公之論眸子，鍾、傅之言才性，莫不引此為談證。而先生以為不然，何哉！

---

124 參見《魏晉清談及其名題之研究》，頁 370-372。
125 見《言意之辨─魏晉玄學對語言的反應及其影響》，頁 82-83。
126 見唐・歐陽詢等撰著《藝文類聚，卷十九》（文光出版社，1974 年），頁 348。

　　歐陽建為何以「違眾先生」自居？在當時通才達識者，如蔣濟、鍾會、傅嘏等人皆是主張言不盡意的，說明「言不盡意」論者眾多且風行社會，而歐陽建獨不以為然，是以假託雷同先生來問難違眾先生，從而標示出自己的言盡意論乃違眾之理，顯然刻意要提出與眾不同的言論。他在〈言盡意論〉中的看法是：

> 夫天不言，而四時行焉；聖人不言，而鑒識存焉。形不待名，而方圓已著；色不俟稱，而黑白已彰。然則名之於物，無施者也；言之於理，無為者也。

　　「夫天不言，而四時行焉；聖人不言，而鑒識存焉。」此句來自《論語・陽貨》：「子曰：予欲無言。……天何言哉！四時行焉，百物生焉。天何言哉！」[127]說明四時運行，萬物生發，皆是自然而然的，而與人類語言無關。歐陽建雖引「夫天不言，而四時行焉；聖人不言，而鑒識存焉。」但他所指的是「四時行」的客觀世界，聖人的鑒識也不是指向冥契於不言的天道之理境，而是對形下四時運行的現象世界的認識。[128]這可以從「形不待名，而方圓已著；色不俟稱，而黑白已彰。」得到端倪。「不待名」、「不俟稱」是指客觀世界是可以脫離主體的認識關係而存在的，是一客觀主義的思路。[129]方圓是事物之形，黑白是事物之色，這些都是事物自然呈顯出來的形狀、樣態，是獨立於名稱、言辭之外而客觀存在的。也就是說歐陽建認為天地四時

127　見《論語》十三經注疏本，頁157。
128　莊耀郎先生〈魏晉反玄思想析論〉（臺北：《臺灣師大中國學術年刊》第二十四期，1995年6月），頁162。
129　同前註。

的運行，萬物方圓的外形，色彩的彰顯，都是不須藉言語來表達，就能自然存在。這是站在客觀主義的立場來說明名與物、言與理，並無絕對的依存關係。所以說「名之於物，無施者也；言之於理，無為者也。」名言對於客觀世界存在的事物是無所施為的，但這並非屬於「言不盡意」論的看法，而是就客觀世界的存在而言。總之，當人們必須對物理[130]有所正名時，言語就發揮了它僅有的功能，即是：名言對於現象事物客觀的存在具有表述的功能。歐陽建接著說：

> 而古今務於正名，聖賢不能去言，其故何也？誠以理得於心，非言不暢；物定於彼，非名不辨。言不暢志，則無以相接；名不辨物，則鑒識不顯。鑒識顯而名品殊，言稱接而情志暢。

名言有暢理辨物的作用，而這樣的看法是回應先前所標客觀主義的看法。西哲海德格謂：「所有的存在物都不會受人為的概念所影響。」意謂事物之方圓黑白等概念，是外於人類識心施設而獨立存在。[131]然而，在知識的領域中，人類意義世界與社會客觀世界的關係是一主客的認知關係，人們為了表達這一層認識，即建構名言，以名言來表達人的思想和對萬物的認識。[132]海德格也說過：「有語言才有世界。」認為「所為有名」，乃為著「把自己發現的世界的實有之可理解性，加以有意義的抒發。」

---

130 〈魏晉反玄思想析論〉一文：此處所言之「理」指的是現象事物客觀的條理－形構之理，而不是形而上的存在原理。「無為」也不是道家的「無為」義，而是現實意義的無所施為。

131 轉引並參吳旻旼〈言意之辨與魏晉名理（四）言盡意與正名傳統〉（臺北：《鵝湖月刊》一二一期，1985 年 7 月），頁 28。

132 〈魏晉反玄思想析論〉，頁 162。

有了語言，世界才非一不可思議之世界；或說世界之實有才可理解而真實地展露於吾人面前。[133]在歐陽建看來，為了人我溝通，表達思想；辨別事物，敘述條理，都必須憑藉名言概念。由此可知，歐陽建是著眼名言有溝通和辨物的功能，[134]因此名言的存在是有其必要性的。這即是「古今務於正名，聖賢不能去言」的理由。反之，如果名言不能溝通人我，不能辨別事物，不能發揮名言的作用，那麼名言存在的功能就因而失去意義。

> 原其所以，本其所由，非物有自然之名，理有必定之稱也。欲辨其實，則殊其名；欲宣其志，則立其稱。名逐物而遷，言因理而變，此猶聲發響應，形存影附，不得相與為二。茍其不二，則無不盡。吾故以為盡矣。

　　歐陽建至此才提出他的「言盡意」的理論。物有其名，並非物的自身先前便有自然之名，而是人為標指該物乃設予一名，故此名於該人心意中，應該可以完全涵蓋該物。理有其稱，並非理的自身先前便有必定之稱，而是人為表達該理，乃為它設立一段論稱，在其人感受中，該段論稱應恰足以暢達該理。[135]所以物之所以有名，理之所以有稱，乃是因為要辨實、宣志，也就是前文所言之辨物、相接。而且不管物如何變遷，人總會隨其變遷後之形象而給予一涵蓋之名；不管理如何變化，人總會有一段言稱想要說盡它。[136]是故，名可隨物的不同而有差異，

---

133 轉引並參吳甿〈言意之辨與魏晉名理（四）言盡意與正名傳統〉一文，頁28-29。

134 見《魏晉言意之辨研究》，頁 73。

135 見《魏晉清談及其名題之研究》，頁 223。

136 同前註。

言亦能因理的變化而改變。名言與物理此種關係，歐陽建以聲發響應及形存影附的例子來比喻說明之。認為名言跟隨物理，就好像響依附著聲，影依附著形。有物必有能指稱它的名，有名亦必定有其所代表的物；名與物、言與理均不得相與為二，因此名、言無不盡矣。[137]所以歐陽建以為既然如此，言應該是可以盡意的。此即歐陽建所謂的「言盡意論」。

歐陽建所主張的「言盡意」之內容中和前面所介紹的荀粲、王弼諸人所主張的「言不盡意」之內容，其所探討的「言」、「意」、「盡」三字之意義內涵是不盡相同的。簡單的說，言是指「語言」，意是指「思想」，語言與思想間如能一一相對應，即是「盡」。如果以語言的類型來區分，大體可分為描述（科學）語言、情感（文學）語言和啟發（指點）語言三大類。[138]描述語言是繫屬於客觀世界的，無論其是經驗之對象，如自然科學者；或是思考之純粹形式，如邏輯數學者，都是可以脫離主體的判斷而獨立存在，此種語言的功能在於描述此一經驗對象或客觀之形式。[139]因此，凡是不繫屬於主體而可以客觀的肯斷的那一種名言（真理），可稱為外延名言（真理）。[140]歐陽建的〈言盡意論〉和王弼的「名號」所指的名言，應屬於此種性質的名言。[141]此類

137　《魏晉言意之辨與魏晉美學》，頁46。
138　牟宗三先生譯維特根什坦之《名理論》在（譯者之言）中就語言所指涉之領域，分為三類。三分說是對維氏的「情感語言」和「科學語言」的二分說所作之修正。（臺北：臺灣學生書局，1987年），頁16-17。
138　同前註，見頁16或159。
139　〈魏晉反玄思想析論〉，見頁163。
140　見《中國哲學十九講》，頁21。
141　王弼言意理論三層架構為名號、稱謂及無稱之言。歐陽建之〈言盡意論〉與王弼「名號」的層次相對應。至於「稱謂」及「無稱之言」的層次則與荀粲

名言始終是對應著客觀的事物，且此其中必定有一對應的關係存在。

　　至於情感語言，如文學語言和藝術語言；或啟發語言，如宗教語言、道德語言、哲學語言都可以歸屬於啟發語言，兩者都是要繫屬於主體才能表意，繫屬於主體的語言，其所對應的是一情境或理境，是屬於內容真理，在此名言與其所對並非一對應關係，而是一種譬喻、象徵、指點、啟發的作用關係。[142]荀粲的「繫表之言」，王弼的「稱謂」、「無稱之言」與郭象的「寄言出意」等，所指之名言，均屬內容名言。

　　王、荀二人所主張的言不盡意的內容中，所探討的言，主要是指《易經》中的卦、爻、象、象辭，是對應於內容真理的內容名言；而意則是指《易經》六十四卦所呈顯出來的意義，以及聖人所講的深奧精妙的天道。這個「意」常是指形而上的「道」，而這個道又常是難以說盡的。因此，若說此種名言能盡意，也只能稱作是一象徵的盡、指點的盡、啟發的盡，而非全盡之「盡」。此種方式的盡和科學名言的盡意不同，凡象徵或指點的盡都是盡而不盡，一往而無窮的。[143]而歐陽建的言盡意論，所指的名言是屬於描述語言性質的名言，是指對應於一般形下物理的外延名言；而「意」其實是指著一個確定的意思，是指對外在事物及法則的認識，是可由外延名言一一窮盡的外延真理。[144]因此其「盡」不是啟發、象徵之「盡」，而是指名實一一

　　「象外之意、繫表之言」和郭象的「寄言出意」相對應。參見莊耀郎先生〈魏晉的言意觀〉(第一屆中國文學與文化全國學術研討會，2002 年 11 月 15 日)，頁 6、12。

142 〈魏晉反玄思想析論〉，頁 163。
143 同前註。
144 《魏晉言意之辨與魏晉美學》，參見頁 48。

對應之盡。歐陽建認為人們必須藉由語言文字才能辨別事物，人我溝通，因此「言」和「意」是不容分割的一體，如聲、響的「應」和形、影的「附」一般，是不容被分成互不相關的兩部分，而是應緊密結合，兩不相離的。是以，每一名必指稱一物，每一物亦必由一言表示，名言正是表達物意的最佳工具。然而此名言究竟能表意至何種程度？名言是否能窮盡意或理？則無法由名物不二、形影不離的論證中推得出來。[145]此乃歐陽建「言盡意論」美中不足之處。

綜觀上述，歐陽建雖然說言盡意論，但仔細探究之下，言盡意論實際上卻是與言不盡意論者站在不同的立場說話，也就是言盡意說似與言不盡意論者所討論的並非同一層面的問題。由於歐陽建未能指出言不盡意說的缺失所在，而且對其自身的言盡意思想，亦缺乏周延有力的論證，終致其說服力不及言不盡意思想。[146]但不可否認的，歐陽建建立一個屬於客觀主義理路的名言領域，[147]對當時玄風盛行，時風漫蕩，不切實際的社會風氣有針砭時弊之效，是以，歐陽建的「言盡意」說，仍是深具時代意義及存在價值。

第四節　寄言出意與言意兼忘

一、郭象：寄言出意

---

145 同前註。
146 同前註。

　　郭象在魏晉言意之辨中，不同於荀粲、王弼、歐陽建等人都提出對言意關係的看法，他繼承王弼以來「言不盡意」理論的傳統[148]，提出「寄言出意」的方式來注解《莊子》，藉此建構自己的思想體系。

　　在《莊子》第一篇〈逍遙遊〉注中，郭象即開宗明義地提出了自己注解莊玄，建立其哲學體系的方法論。當然，這並非偶然的，而是郭象有心要讓讀者知道他注《莊子》的主要方法，並希望讀者能夠跟著他的思路去體會莊子的深閎意旨。郭象云：

> 鵬鯤之實，吾所未詳也。夫莊子之大意，在乎逍遙遊放，無為而自得，故極小大之致以明性分之適。達觀之士，宜要其會歸而遺其所寄，不足事事曲與生說。自不害其弘旨，皆可略之耳。[149]

　　在這裏我們可以看到郭象對鵬鯤為何物，並不去多作解釋，甚至存而不論。他在注莊闡發玄思時，只是善會文字背後之宏旨而已，對於細微末節，就未考慮要詳盡地去生解硬說每一字每一句。因此，郭象在註解《莊子》時，便非措意於名物訓詁，且對莊周之原意亦不加理會。這並非郭象不能確解莊周原意，而是他要藉《莊子》的語言，表述自己心中所理會的意。這種方式，王弼謂之「得象而忘言，得意而忘象」，佛教謂之「依

---

147 〈魏晉反玄思想析論〉，頁 163。

148 如果說王弼從「言意之辨」中自覺地演生出「得象而忘言，得意而忘象」的方法論，那麼可以說郭象則從中演生出「寄言出意」的方法。見孫尚揚〈言意之辨在魏晉玄學中的方法論意義〉（北京：《中國哲學史》，1987 年 2 月），頁 38。

149 見《莊子集釋》，頁 3。

法不依人、依義不依語」。[150]然而所謂《莊子》的義法，就郭象而言，此義法處於魏晉時代，就是要通過他創造性的詮釋而呈現《莊子注》的面目，換言之，郭象的《莊子注》就是使《莊子》精神在魏晉時代的再現。而如何使這種精神重現，就非單靠解讀章句所能達到，而是要銷融章句，以「寄言出意」的方式，合內外為一，成就一遊外冥內的聖人人格。[151]所謂「寄言出意」是指「言」既然只是為了「出意」，因而不能把「言」直接視為就是「意」，應該通過「言」以達其「意」，甚至要離開「言」以領會「言外之意」。[152]最後臻至「無言無意」的理境。[153]此理境明顯是超越言意之辨，「言」、「意」兼忘。

　　其實，郭象在注中明標「寄言」之處，即是其隱解所在，也是他跳出來說話的地方，當其義理與莊子不合時，常以微言或直言是莊子之寄言以迴避。郭象一心想融通方內與方外之對立，又欲合自然與名教為一，故對莊子書中一些絕聖去知、鄙薄仁義、毀棄禮樂的辭義，一心一意地想加以「圓說」（合理化），因為上述辭義，顯然與儒家牴牾衝突，不可能會通。郭象為解決此困難，乃採取「寄言出意」的方法，既是寄之耳，則不能拘執以為說，必於言意之外，求其隱義，也就是「要其會

150　龍樹《大智度論》卷九：「如佛欲入涅槃時，語諸比丘：『從今日應依法不依人、應依義不依語、應依智不依識、應依了義經不依未了義。』」（見《大正藏》二十五冊，頁 125。）

151　參莊耀郎先生〈郭象《莊子注》的方法論〉（臺北：《臺灣師大中國學術年刊》第二十期，1999 年 3 月），頁 228。

152　參湯一介《郭象與魏晉玄學》（中和市：谷風出版社，1987 年 3 月），頁 212。

153　《莊子集釋》，〈秋水〉篇中「言之所不能論，意之所不能察致者，不期精粗焉。」句，郭象注云：「夫言意者有也，而所言所意者無也，故求之於言意之表，而入乎無言無意之域，而後至焉。」頁 573。

歸而遺其所寄」。[154]

（一）跡冥論

莊子〈逍遙遊〉「藐姑射之山，有神人居焉，肌膚若冰雪，綽約若處子。」[155]這段話，莊子原意是要肯定遊方之外「出世」的「神人」，而非遊方之內「入世」的聖人。郭象採用「寄言出意」的方法，跳脫莊子的原意，闡發他「遊外冥內」的玄學思想。

> 此皆寄言耳。夫神人即今所謂聖人也。夫聖人雖身在廟堂之上，然其心無異於山林之中，世豈識之哉！徒見其戴黃屋，佩玉璽，便謂足已纓紱其心矣！見其歷山川，同民事，便謂足已憔悴其神矣！豈知至至者之不虧哉？今言王德之人而寄之此山，將明世所無由識，故乃託之於絕垠之外，而推之於視聽之表耳。[156]

郭象認為具有理想人格的「聖人」並不是非得要真正「出世」才可以，「聖人」其實是可以「身在廟堂」（即入其世），但只要其「心在山林」（即表內心之恬淡、自然，無心無為），就能達到最高境界的出世。只可惜一般人往往只識其「戴黃屋，佩玉璽」、「歷山川，同民事」等聖人之跡，會擾亂聖人心神，使其精神憔悴，殊不知「至至者」（具有最高理想人格的聖人）

---

154 參江建俊《魏晉玄理與玄風之研究》（臺北：文化大學哲學研究所博士論文，1986 年 12 月），頁 156。
155 《莊子集釋》，頁 28。
156 同前註。

之無心無為，對其生命是無所受其虧損的。郭象以為，莊子正是因為知道世間人對「身在廟堂而心在山林」的「王德之人」（即聖人），因為冥在於內，故世人無由得識，徒見其跡而不見其冥，所以權且寄此姑射山，託於「絕垠之外」、「視聽之表」以明之，期世間人能瞭解聖人是不會「以外（跡、末）傷內（冥、本）」的。[157]

　　郭象以「寄言出意」的方式注解《莊子》，將神人解作「身在廟堂而心在山林」的「聖人」，聖人之跡冥原是一，應物而無累於物，創跡而不滯於跡[158]，其目的很明顯就是為了說明，聖人是可以不廢「名教」，而德合「自然」，且「名教之中自有樂地」，在現實生活中也可以達到理想境界。[159]於此名教自然合而為一，儒道亦通而為一。

　　郭象基於其「名教自然合一」、「儒道為一」、「跡冥圓融」的理論，凡是涉及這些問題的觀點時，他皆本「寄言出意」的方法加以發揮出來。如〈逍遙遊〉「堯讓天下於許由」一段，「子治天下，天下既已治也」句下注云：

> 夫能令天下治，不治天下者也。故堯以不治治之，非治之而治者也。今許由方明既治，則無所代之，而治實由堯，故有子治之言，宜忘言以尋其所況。而或者遂云：治之而治者，堯也；不治而堯得以治者，許由也。斯失之遠矣。夫治之由乎不治，為之出乎無為也，取於堯而足，豈借之許由哉！若謂拱默乎山林之中而後得稱無為

---

157 《郭象與魏晉玄學》，參頁 214。

158 《郭象玄學》，見頁 186。

159 同前註。

者，此莊老之談所以見棄於當塗。〔當塗〕者自必於有
為之域而不反者，斯之由也。[160]

依莊子表面之意，是稱許許由而貶抑堯的，而郭象作注則
是認為莊子乃是為了要凸顯堯「治之由乎不治，為之出乎無為」
的意義。「治之由乎不治，為之出乎無為」，此為道家之普遍原
則，其旨出於「無為而無不為」，無為是本，是作用的保存，故
「不治」並不是在存有層上的對治理的否定[161]，而是以不刻意
造作的方式治理天下，也唯有以無心無為的方式治天下，天下
始能治。一般人皆以為堯治理天下，是治而治之，看似是有為
也；而不知堯之治乃是出於無心而治，他的為乃是出於自然而
為。而許由的獨立高山，不問世事，表面上看似無所作為，但
實際上並非是真正的無心而為。而許由所顯示出的無為，其實
是可以直接在堯的生命體現中找到的。[162]所以說「取於堯而
足」。依郭象注的內容來看，莊子是借許由以明其本。因若單從
堯本身來看，人們是不容易明其本的。一般俗世之人只從跡上
見堯，殊不知他的跡乃是由無為的本所動發而出，於是借許由
的不治天下，讓人知曉有自然、無為的境界。此即所謂借許由
以明本、顯冥。既顯冥，便可了解無為的冥其實可以和跡相即
不離，所以堯的跡即是冥，為即是無為。為出於無為，治由於
不治，即無為的冥即在為的跡上，跡冥相融。堯的跡便是冥，

160　《莊子集釋》，見頁 24。
161　《郭象玄學》，頁 186。
162　參岑溢成〈《郭象注》的「寄言出意」及「跡冥論」〉一文，頁 374。收錄於
　　　王邦雄、楊祖漢、岑溢成、高柏園合編著之《中國哲學史》（臺北縣：國立
　　　空中大學，1998 年 1 月）。

冥即是跡。惟有通過這一層的認知活動，才能使人了解到堯是
體現了無為而無不為的境界。[163]牟宗三先生說：「『無為』是本，
是冥。『無不為』是末，是跡。本末、冥跡，並非截然之兩途。
截然兩途，是抽象之分解。經由抽象之分解，顯無以為體，顯
有以為用。無是本，有是跡。故跡冥亦曰跡本。亦曰『跡』與
『所以跡』。是則兩者本是具體地圓融於一起。若停滯於抽象
上，則無是頑空之死體，有是俗情之巧偽。無不成無，有非是
有，則『無為而化』亦不能說矣。『無為』自然函著化跡，化跡
由於無為。若停滯於無為，則不能成化。若停滯於化跡，則皆
為『物累』。」[164]是以吾人若執定「拱默乎山林之中而後得稱無
為」而「當塗者自必於有為之域而不能反於無為」，即是將跡與
冥切成兩截，此則為偏溺之見[165]，而非是圓融理境。如此則道
家無為之說便會被無知之人視為無用的學問了。今郭象將無為
和無不為，具在堯身上顯現，人們就可以從中見其堯圓融的生
命境界。至於跡冥之論，亦盛發於郭象注「堯治天下之民，平
海內之政，往見四子藐姑射之山，汾水之陽，窅然喪其天下焉。」
之句。郭象謂：

> 夫堯之無用天下為，亦猶越人之無所用章甫耳。然遺天
> 下者，固天下之所宗。天下雖宗堯，而堯未嘗有天下也，
> 故窅然喪之，而嘗遊心於絕冥之境，雖寄坐萬物之上而

163　同前註。

164　見《才性與玄理》，頁187。

165　成玄英《疏》言：「故堯負扆汾陽而喪天下，許由不夷其俗而獨立高山，圓
照偏溺，斷可知矣。」（見《莊子集釋》，頁24。）無為有為皆渾化圓融於堯，
則堯為圓照，許由獨高顯無為，而不同乎世俗，故是偏溺。（見《郭象玄學》，
頁187。）

> 未始不逍遙也。四子者，蓋寄言以明堯之不一於堯耳。
> 夫堯實冥矣，其跡則堯也。自跡觀冥，內外異域，未足
> 怪也。世徒見堯之為堯，豈識其冥哉！故將求四子於海
> 外，而據堯於所見，因謂與物同波者，失其所以逍遙也。
> 然未知至遠之跡，順者更近；而至高之所，會者反下也。
> 若乃屬然以獨高為至而不夷乎俗累，斯山谷之士，非無
> 待者也，奚足以語至極而遊無窮哉！[166]

　　堯無用天下為，即是以無為自然的方式治理天下，無為故
無執，自然故不刻意造作，無執、不刻意做作，則萬物自理，
故言堯遺天下，未嘗有天下或窅然喪其天下。堯是以「無為而
無不為」的方式治理天下，然世俗之人只見堯有為之跡，而未
識堯其實是遊心於絕冥之境的。郭象有鑒於世人不能識其冥，
故寄言四子以明堯之內冥。[167]郭象推尊堯為跡冥圓融的人物，
依儒家說法，即是指集內聖外王於一身。反應在魏晉時代的問
題上，則是儒道會通理論的完成。[168]依郭象之意，堯治天下，
寄坐萬物之上，與世俗處，代表名教及儒家，是跡；四子居藐
姑射之山，屬然獨高，不夷乎俗累，代表自然及道家，是冥。
然四子無跡可見，跡冥不融，未達圓境。反觀堯見四子，依寄
言出意，則堯治天下，雖「身在廟堂之上」，而「心無異於山林
之中」；可以「戴黃屋，佩玉璽」、「歷山川，同民事」，而不纓
紱其心，不憔悴其神。如此則堯有跡有冥，即跡即冥，跡冥圓
融於一身。自然與名教合而為一，儒道亦通而為一。牟宗三先

166　《莊子集釋》，見頁34。
167　《郭象玄學》，參見頁188。

生謂跡冥論，要旨如下：

> 撥開具體之跡而單觀此玄冥（無）之體，即謂「抽象觀」。
> 此抽象觀，唯顯一「純粹普遍性」，即冥體之自己。但
> 此「冥體之自己」並不能空掛。空掛即為死體。滯於冥，
> 則冥即非冥而轉為跡。是則冥亦跡。故冥之體必須轉於
> 具體而不離跡，即冥體之無必會有。冥即在會中見。會
> 而無執即為冥，冥而照俗即為跡。……離跡言冥，是「出
> 世」也。離冥言跡，是入世也。冥在跡中，跡在冥中，
> 是「世出世」也。「世出世」者，即世即出世，亦非世
> 非出世也。是謂雙遣二邊不離二邊之圓極中道也。[169]

　　跡若在冥中，則得本而不失；冥藉跡而行，得跡而活暢。
是而冥即非空冥死體，而為靈冥；而跡即非累，而乃獨體自得
之貌。此即跡冥會而更無跡無冥，渾一無對之化境所在。[170]吾
人在為人處世上，若能本著自然、無為，逍遙無待之心而發，
則當不致為物所累，此即「會而無執即為冥，冥而照俗即為跡」，
進而達於「跡而無跡」之境界。

（二）詭辭為用

　　在結束本節討論前，想附帶說明的是郭象注《莊子》，除了
採「寄言出意」的方法外，亦將《莊子》之「詭辭為用」的詮
解方式，發揮到極致。例如在〈齊物論〉「類與不類，相與為類，

168　〈郭象《莊子注》的方法論〉，見頁 230。
169　見《才性與玄理》，頁 192。
170　見高柏園《莊子內七篇思想研究》（臺北：文津出版社，1992 年 4 月），頁 29。

則與彼無以異也」句下，郭象注曰：

> 今以言無是非，則不知其與言有者類乎？不類乎？欲謂
> 之類，則我以無為是，而彼以無為非，斯不類矣。然此
> 雖是非不同，亦固未免於有是非也，則與彼類矣。故曰：
> 類與不類，又相與為類，則與彼無以異也。然則將大不
> 類，莫若無心，既遣是非，又遣其遣。遣之又遣之，以
> 至於無遣，然後無遣無不遣，而是非自去矣。[171]

　　郭注論述層次分明。第一層是「有是非」。第二層是「無是
非」。「無是非」從表面看起來似乎是對「有是非」的遣蕩，但
究其實，就內容而言，是「有」和「無」相對的是非，只是對
「是非的有」、「是非的無」之兩者認定的不同而已。因此，主
張「無是非」其實就是引發另一層是非的開端，且不免陷入另
一層「有是非」的模式中。第三層指的就是「有是非」和「無
是非」相對的「新是非」。第四層就是要以「遣」的工夫，遣去
此相對的「新是非」，遣去心中相對的價值觀。第五層是遣去此
「遣」意，超越此「遣」的工夫層次，連工夫相也化除，遣之
又遣之，以至於無滯礙可遣，既無滯礙可遣，則無可無不可，
無遣無不遣，則心中所有是非、有無、工夫的分別或執著都一
併遣去，而終達玄冥之境。[172] 又〈齊物論〉注有言：

> 有有，則美惡是非具也。[173]
> 有無，而未知無無也，則是非好惡猶未離懷。[174]

---

171 見《莊子集釋》，頁79。
172 參見《郭象玄學》，頁42-43。

知無無矣，而猶未能無知。[175]

此都忘其知也，爾乃俄然始了無耳。了無，則天地萬物，彼我是非，豁然確斯也。[176]

此段注文，清楚地分四個層次遞進：一、對是非美惡有分別、執著心，故謂之「有有」。二、開始有「無」的工夫，雖說要化除這個執著，但仍不免心存去執之念，執著工夫之相，是以「是非好惡猶未離懷」，是以相對於「有有」而言，多出一「無」的工夫，故謂之「有無」。三、進一步祛除第二層「無」的工夫相，即是解消在作工夫時所突顯的緊張相，由此則自然作工夫，故謂之「無無」。「無無」之境雖較「有無」之境為高，心卻仍存「知此無無」之念，猶未能真正地完全忘懷。四、最後也是最高的一層，是把對「無無」的「知」也一併遣化，此際天地萬物、彼我是非，當下玄冥獨化，所達境界乃純任自然，故謂之「了無」。

以上兩例，郭象注文詭辭辯證的痕跡極為鮮明，不論是「有是非、無是非、新是非、遣去新是非、遣之又遣」或是「有有、有無、無無、了無」，這兩個思維模式，皆是將相對的觀念，通過辯證的發展，層層轉進，並將相對觀念中的矛盾、衝突在轉進發展過程中遣蕩又遣蕩，終達玄冥圓融之境。[177]

綜合而論，郭象用「寄言出意」的方法，齊一儒道，調合

173　《莊子・齊物論》：「有有也者」句下注。見《莊子集釋》，頁 80。
174　〈齊物論〉：「有無也者」句下注。
175　〈齊物論〉：「有未始有無也者」句下注。
176　〈齊物論〉：「俄而有無矣，而未知有無之果孰有孰無也」句下注。
177　參見《郭象玄學》，頁 41。

名教與自然，將遊外冥內，內外相冥，跡冥圓融之玄旨發揮極致，並以詭辭辯證的思考模式呈現至人所達玄冥渾化的境界，不但成就了他的玄學體系，更因此完成曠世巨作《莊子注》。

二、張湛：言意兼忘

　　東晉玄學家張湛，其《列子》注一書，可說是魏晉玄學發展到郭象的高峰之後的一個「落後」的「尾聲」[178]。言「落後」，是因張湛《列子》注，除了受到佛教的影響之外，更吸收了各家各派的觀點，如繼承王弼、何晏「貴無」的思想，也吸取了郭象「自生說」的觀點。因此就原創性而言，《列子注》實未超越王弼《老子注》和郭象《莊子注》二書。張湛未後出轉精，超越郭象，因而言「落後」。說「尾聲」，是因張湛在《列子注》的序中言「所明往往與佛經相參」[179]，也就是說「這時的清談家，已明白的承認佛家的學說」，[180]且依照學界之通說，東晉玄學的發展已進入所謂的「佛學時期」[181]，因此《列子注》可以說是「東晉玄學即將被佛學取代之際的具有代表性的玄學哲學作品。」[182]這也就意謂著：當時學者慢慢超越了玄學中自然名教的問題，而往宗教的的終極關懷上發展。佛教哲學成為了日

178　參見《中國哲學史新編，第四冊》，頁 201。

179　張湛《列子注》序，最後論述：「然所明往往與佛經相參，大歸同於老莊。屬辭引類特與莊子相似。」《列子集釋》，頁 179。

180　見容肇祖《魏晉的自然主義》（收錄於《魏晉思想，乙編三種》臺北：里仁書局，1995 年），頁 67。

181　參考湯用彤〈魏晉思想的發展〉（收錄於《魏晉思想，乙編三種，魏晉玄學論稿》，1995 年），頁 136。

182　見任繼愈主編《中國哲學發展史，魏晉南北朝》（北京：人民出版社，1988年），頁 283。

後思想發展的主流。[183] 本節不擬討論玄學與佛學的關係，只將重點集中在張湛《列子注》對其「言意」看法的範疇上討論。

張湛對於言意問題的看法不同於以往的玄學家，他提出「言意兼忘」的命題。[184]此「言意兼忘」與郭象「入乎無言無意之域」[185]的論點一致，從中不難看出，此命題受到佛學「有無雙遣」的特殊表義方式的影響。此外張湛亦言「夫盡者，無所不盡，亦無所盡，然後盡理都全耳。」[186]由此可知，若將張湛的言意理論歸為「言盡意」或「言不盡意」任何一派，皆非真確。雖然他也認為至道不可言傳，但是他並未直接提出有關「言不盡意」的命題。《列子》注之序有言：「屬辭引類特與莊子相似」，是否意謂著張湛對言意的看法與《莊子》超言意思想有密切的關係。

張湛對言意的看法是透過形上學的範圍來探討的。是以先處理張湛「貴無論」的思想，進而探討其對言意的看法。

（一）玄學貴無說

魏晉人注書，其大意宗旨往往在「序」和「篇目注」中，即表現得清楚明白。今人如欲了解張湛《列子注》的思想宗旨，則應從此入手。《列子注》序言：

---

183 見周大興《王弼玄學與魏晉名教觀念的演變》（臺北：文化大學哲學研究所博士論文，1995 年 12 月），頁 286。

184 張湛〈仲尼〉注：「窮理體極，故言意兼忘。」見《列子集釋》，頁 78。

185 見莊子〈秋水〉篇中「言之所不能論，意之所不能察致者，不期精粗焉。」句，郭象注云：「夫言意者有也，而所言所意者無也，故求之於言意之表，而入乎無言無意之域，而後至焉。」《莊子集釋》，頁 573。

186 張湛〈天瑞〉：「夫子曰：吾知其可與言，果然。然彼得之而不盡者也。」句下注。見《列子集釋》，頁 15。

其書大略，明群有以至虛為宗，萬品以終滅為驗；神惠
以凝寂常全，想念以著物自喪；生覺與化夢等情，巨細
不限一域；窮達無假智力，治身貴於肆任；順性則所之
皆適，水火可蹈；忘懷則無幽不照。此其旨也。然所明
往往與佛經相參，大歸同於老莊。屬辭引類特與莊子相
似。[187]

張湛在《列子》序開宗明義指出「群有以至虛為宗」。〈天
瑞〉篇目注則提到：

夫巨細舛錯，修短殊性，雖天地之大，群品之眾，涉於
有生之分，關於動用之域者，存亡變化，自然之符。夫
唯寂然至虛，凝一而不變者，非陰陽之所終始，四時之
所遷革。（「天瑞第一」注）[188]

現象界的萬物以「至虛」為宗。張湛認為，天地萬物之所
以能夠生生化化，循環往復，是因為背後有一無形無名、寂然
不動、沖虛至極、超言絕象的本體與之同在。它並不直接生化
萬物，只是為有形界的生生化化提供根據。[189]張湛進一步說明：

生物而不自生者也，化物而不自化者也。不生者，固生
物之宗。不化者，固化物之主。生者非能生而生，化者
非能化而化也；直自不得不生、不得不化者也。……至
虛無物，故謂谷神；本自無生，故曰不死。……王弼曰：

---

187 見《列子集釋》，頁179。
188 見《列子集釋》，頁1。
189 《張湛「列子注研究」》，頁40。

「……欲言存邪？不見其形；欲言亡邪？萬物以生。」……向秀注曰：「吾之生也，非吾（物）之所生，則生自生耳。生生者豈有物哉？〔無物也〕，故不生也（焉）。吾之化也，非物之所化，則化自化耳。化化者豈有物哉？無物也，故不化焉。若使生物者亦生，化物者亦化，則與物俱化，亦奚異于物？明夫不生不化者，然後能為生化之本也。（〈天瑞〉：「有生不生，有化不化。不生者能生生，不化者能化化。生者不能不生，化者不能不化。……谷神不死，是謂玄牝。玄牝之門，是謂天地之根。綿綿若存，用之不勤。故生物者不生，化物者不化。」[190]句下注）

夫盡於一形者，皆隨代謝而遷革矣；故生者必終，而生生物者無變化也。（〈天瑞〉：「生之所生者死矣，而生生者未嘗終；形之所形者實矣，而形形者未嘗有；聲之所聲者聞矣，而聲聲者未嘗發；色之所色者彰矣，而色色者未嘗顯；味之所味者嘗矣，而味味者未嘗呈。」[191]句下注）

至無者，故能為萬變之宗主也。（〈天瑞〉：「皆無為之職也」[192]句下注）

　張湛在這裡融合了《老子》王弼注與《莊子》郭象注的說

190　《列子集釋》，頁 1-3。
191　同前註，頁 6。

法。作為萬物宗主的「至虛」,乃是「至虛無物」,它不是現象界有生有死的「物」,而是不生不化的本體,是萬有存在變化的根據,故張湛引用王弼「欲言存邪?不見其形;欲言亡邪?萬物以生」的話來證成此一至虛的形上本體。[193]依張湛引用郭象的注文來看,萬物都是有生有化的,使萬物生化的東西,其本身必須不生不化,因此,它一定不是物,即是無物。如果這個東西是物的話,那麼它自身也和萬物一樣不停地生化,如此一來,它就不足以作萬物生化的根據了。張湛為了把這個東西與物區別開來,他把它稱作「無」。[194]「無」即非物之意。世界上的事物具有無限的多樣性,每一個「有」只不過是個別的存在物,個別存在物是不可能作所有事物生成變化的根據的。與「有」相反,這個本體「無」沒有任何具體的形相和屬性,是形而上的、抽象化了的絕對。惟其超言絕相,才能生成萬物。一切有形的具體事物,都是這個本體的體現。所以說,「無」是萬物之宗本。人們可根據萬有的存在,逆推其必有存在的根據。[195]

張湛的《列子注》雖然立論於「群有以至虛為宗」,然而同時在貴無論中吸取了郭象「無不生有」的「自生說」的概念。

> 謂之生者,則不無;無者,則不生。故有無之不相生,理既然矣,則有何由而生?忽爾而自生。忽爾而自生,而不知其所以生;不知所以生,生則本同於無。本同於

---

192 見《列子集釋》,頁6。

193 《王弼玄學與魏晉名教觀念的演變》,頁287。

194 參見陳戰國〈略論張湛的哲學思想〉(北京:《中國哲學研究》,1983年),頁25。

195 見《張湛「列子注研究」》,頁41。

> 無，而非無也。此明有形之自形，無形以相形者也。（〈天
> 瑞〉：「夫有形者生於無形」[196]句下注）

　　物稱作「生」，就不是空無一物；空無一物的話，就不能生。
有和無的關係不是互相生化的關係，道理已明。那麼「有」從
何而生出的呢？「有」是「忽爾而自生」的，是忽然自己生就
自己的。既然是忽然自己生就自己的，就不知是如何生就自己
的。那麼，不知其所以生的「本」，原來是等同於「無」的，乃
是一「寂然至虛、凝一不變」的本體，但又不等於「有無不相
生」的無。[197]因此有此形的（有）只能有此形，有彼形的只能
有彼形，只有無形無象的「無」才能成就眾形（有）。[198]

> 形、聲、色、味，皆忽爾而生，不能自生者也。夫不能自
> 生，則無為之本。無為之本，則無當於一象，無係於一味；
> 故能為形氣之主，動必由之者也。（〈天瑞〉：「故有生
> 者，有生生者；有形者，有形形者；有聲者，有聲聲者；
> 有色者，有色色者；有味者，有味味者。」[199]句下注）

　　前面提到，既然「有」和「無」的關係不是相生的關係，
那麼眾有的形、聲、色、味只能是「忽爾而自生」了。然而，「忽
爾而自生」亦即意謂「不能自生」，正是說明人們不能由事物自
身去找其存在的原因和根據，即「有」不能是「有」生化的原

196　見《列子集釋》，頁 6。
197　參見《張湛「列子注研究」》，頁 72。
198　見湯一介〈從張湛列子注和郭象莊子注的比較看魏晉玄學的發展〉（北京：《中
　　國哲學史研究》第一期，1981 年），頁 63。
199　見《列子集釋》，頁 6。

因；那麼事物生化的原因和根據，只能是源自於不生不化的「宗主」，且是以「非有」的「無」為其本體。[200]換言之，萬有之所以有此千差萬別，其原因和根據並不在其自身，而在於「無當於一象，無係於一味」的「無」。此「無」是「萬有」的本體，是其宗主，是其生化的根據。[201]簡言之，「無」是為作為「形與氣的主宰」和「運動變化的根據」而存在、並發揮作用的。[202]如此看來，張湛言「忽爾而自生」並不同於郭象「無不生有」的「自生說」的概念。郭象講「自生」，是為了否定在「萬有」之上有一個本體的「無」，他認為每件事物自身都是絕對的、獨立的、自足的存在，是自己產生，自己變化的。其存在是沒有根據的，沒有原因的，沒有條件的，而是自然而然的存在著的。[203]張湛則不同，言其「忽爾而自生」，正是為「群有以至虛為宗」找根據，且是為了論證「生則本同於無」的思想。[204]

　　張湛言「有無之不相生」，「無」既不能生「有」，則「物」不是由「無」而生，而是由物自己產生。可是他也如是認為：「至無者，故能為萬變之宗主也」、「有之為有，恃無以生」[205]，二者之間是否相互矛盾呢？為了避免人們的誤解，張湛自己對此問題作以下的回應，他說：「言生必由無，而無不生有。此運通

200　參見《王弼玄學與魏晉名教觀念的演變》，頁290。

201　見〈從張湛列子注和郭象莊子注的比較看魏晉玄學的發展〉，頁64。

202　見《張湛「列子注研究」》，頁41。

203　郭象在「自生」的基礎上，更進一步的闡發萬物「獨化」的思想。所謂「獨化」是指萬物自己產生、自己變化且自己獨立。獨化論肯定萬物是自然而獨立的存在，一物之所以成為一物，決非他物所為，或有所倚待。依郭象的思路，獨化論主要是從「無待」和「自然」得到支持的。見《張湛「列子注研究」》，頁73-74。

204　湯一介〈從張湛列子注和郭象莊子注的比較看魏晉玄學的發展〉，頁64。

之功必賴於無，故生動之稱，因事而立耳。」[206]「言生必有無」
之「無」乃是指謂無形無名的宗主之「至無」，萬物必須依靠此
「至無」的作用，其生成變化才成為可能。「無不生有」則是說
萬物不是從「無」中產生出來的。依張湛，「無」作為萬物的本
體，對萬物不具直接宰制的力量。換言之，並沒有一個「無」，
主動對「有」強加生滅變化的作用，是以「無不生有」；然而，
「有形」的萬物，卻確確實實是憑藉「無」以無心無為、任其
自然的方式，得以自己生長、自然變化。是以「無」雖不能生
「有」，「有」仍須以「無」為本。可知，「恃無以生」不等於「有
生於無」。[207]是以「有無之不相生」與「有之為有，恃無以生」
這兩種說法，在張湛看來，其實是不存在著矛盾的。

　　從以上論述看來，張湛在「以無為萬物之本」這命題上，
與王弼的觀點基本一致；唯一不同的是，王弼的貴無論是從老
子哲學中脫胎出來的，因而不可避免地還帶有「有生於無」的
生成論痕跡。而張湛由於受到郭象「無不能生有」的「自生說」
的影響，否定了王弼「有生於無」的思想。且正由於他排除了
「有生於無」的生成論思想，從而使自己的玄學思想具有了更
加典型的本體論性質。[208]就此而論，將張湛的《列子注》思想
歸為「貴無之學」，應是可接受的說法。

（二）去知忘言

　　張湛對「言意」的看法，實際上就是他玄學貴無思想的認

205　〈天瑞〉：「無動不生無而生有」句下注，見《列子集釋》，頁11。
206　同前註。
207　見《張湛「列子注研究」》，頁73。
208　參見〈略論張湛的哲學思想〉，頁26。

知方式。他認為真知的獲得，雖然有賴於名言的表達，但名言在他看來，畢竟只是吾人認知「至道」的媒介。而且常因人們誤用名言，它反而異化成隱蔽「道」的工具，如此一來，反而使人們在追求「大道」之際受到名言干擾，而無法獲得真知。因此張湛以為真知的獲得最主要還是在於聖人體無的觀照工夫，亦即須經「心乘於理，檢情攝念，泊然凝定」[209]的修養工夫。而且一旦達到體悟大道的目的，就要忘卻名言，並以高一層次的悟性知見超越之，且直接體會其所蘊之奧義。故人惟能不拘執於名言，才能把握真知至道。換言之，體悟大道，首在化除名言概念的限制。

　　名言有何局限性？名言雖以表意為功能，然而人們未必就能通過名言而知瞭他人心意。亦即是說，名言只能表達形色名聲之有形世界，而且所能表達的，也只限在「名」能符其「實」的範圍內。在這樣的條件下，名言和意義間遂有差別，而名言總是落在意義之後；換句話說，意義常在名言認知所達不到的領域。[210]如「道心的境界形態」的知識領域，因其「境界形態」實非「知識型態」，而是超越知識，且「道心」是指「無知而無不知」之境界，即「即寂即照」之境界。[211]此境界是生命透過具體實踐而體現的主體性真理，此主體性真理是內容真理，是必須通過主觀表述之真理，此真理無法被量化，也無法予以實

---

209 〈說符〉注：「況心乘於理，檢情攝念，泊然凝定者，豈萬物動之所能亂者乎？」見《列子集釋》，頁 174。

210 參見《張湛「列子注研究」》，頁 97。

211 牟宗三先生將知識之形態分為四層級：1、常識的聞見形態，此囿於耳目之官。2、科學的抽象形態，此囿於概念。3、術數的具體形態，此超越概念而歸於具體形變。4、道心的境界形態，此則超越知識而為「即寂即照」。（見《才性與玄理》，頁 97-98。）

驗、檢證，因此也不能以名言來表述。是以道之奧蘊，非名言可盡其實。[212]張湛對言意的看法是：

> 窮理體極，故言意兼忘。（〈仲尼〉：「得意者無言，進知者亦無言。」[213]句下注）
>
> 忘指，故無所不至也。（〈仲尼〉：「無指則皆至」[214]句下注）
>
> 惟忘所用，乃合道耳。（〈仲尼〉：「善若道者，亦不用耳，亦不用目，亦不用力，亦不用心。」[215]句下注）

「窮理體極」亦即體悟大道，通曉萬物變化的規律，因此能忘懷是非得失，言意間的一切矛盾對立就能消弭於無形。[216]他認為人們只要一旦窮盡究極大道，不但要忘卻名言，就連言說之意旨亦應一併忘卻。也就是說，人們也唯有摒除用以指稱事物的工具，才能真正把握住事理深層的奧義。前面提過，真知的獲得，雖然有賴於名言的表達，也就是說名言是表意不可缺少的工具，然而名言畢竟僅僅只具有工具的價值而已，而非大道之本身。故以生命哲學之立場，張湛反對以名言為大道而滯陷之。因他清楚人們若將「知」道之「知」局限於名言之辨明，卻忘卻了真正的目的是在求生命的超拔，如此一來，只是徒然斲傷生命靈性，而非得道。因此張湛認為得道與否，關鍵在於

---

212 《張湛「列子注研究」》，頁97。
213 見《列子集釋》，頁78。
214 同前註，頁88。
215 同前註，頁90。
216 見吳慕雅《張湛『列子注』貴虛思想研究》（臺北：政大中文研究所碩士論文，1995年6月），頁48。

能忘或不能忘。唯能忘卻名言，不執著名言，乃能把握真知，體悟大道。當然，前提是：先要得「道」才有資格談「忘」。[217]

　　但是名言作為表意的工具，總還保有名言相，易為人所拘執，所以張湛進一步主張：為求大道真理，不但要化除名言的滯礙、更應連「化除的工夫」一併泯除，而復歸於「自然」。張湛說：

> 方欲以無言廢言，無知遣知；希言傍宗之徒固未免於言知也。（〈仲尼〉：「用無言為言亦言，無知為知亦知。」[218]句下注）

　　「欲以無言廢言，無知遣知」，一涉及「欲」字就有差別取捨，張湛以為「無知」、「無言」也是不可取的，因為仍是執著於言知。然而言語的最高境界在於無心出言，完全本於自然而不造作。[219]

> 比方亦復欲全自然，處無言無知之域，此即復是遣無所遣，知無所知。遣無所遣者，未能離遣；知無所知者，曷嘗忘知？固非自然而忘言知也。（〈仲尼〉：「無言與不言，無知與不知，亦言亦知。」[220]句下注）

217　參見《張湛「列子注研究」》，頁117、119。
218　見《列子集釋》，頁78。
219　見《張湛『列子注』貴虛思想研究》，頁48。
220　見《列子集釋》，頁78。

> 大忘者都無心慮,將何所化?此義自云易令有心,反令
> 有慮,蓋辭有左右耳。(〈周穆王〉:「吾試化其心,
> 變其慮,庶幾其瘳乎!」[221]句下注)

人們為保全自然本性,處於不用言說、不以用知的境域,憑藉「無言」來廢除言說,「無知」來排遣心智的作用,這即是排遣無可排遣的,知道無可知道的。排遣沒什麼可排遣的,無法真正捨離排遣一途;知道沒什麼可知道的,何曾真正忘懷心知的作用?既然不能不免除言說、不能不運用心知,就不是真正能自然地忘卻言說心知。而且當人們忘卻到最徹底的時候(大忘),心中是完全沒有心知思慮的痕跡,如此一來,人們又有什麼是須要泯除的呢?[222]

> 以有心無心而求道,則遠近其於非當;若兩忘有無先後,
> 其於無二心矣。(〈仲尼〉:「亦非有心者所能得遠,
> 亦非無心者所能得近」[223]句下注)

人們「有心」求道,有執著相;「無心」求道,仍有「無」的工夫之跡。不論以「有心」或「無心」去求道,都非明智之舉,因兩者皆是求道的絆腳石。唯有將「有心」、「無心」一併化除,才能體悟大道。是以聖人如欲體悟大道,不但要消極地將知識聞見語言思慮等一切向外的作用滌除淨盡,更要積極的以「虛靜無心」的向內工夫,反觀內照,觀照萬物,則無知而

---

221 同前註,頁 68。
222 參見《張湛「列子注研究」》,頁 128。
223 見《列子集釋》,頁 90。

無不知，不忘而自忘。[224]方能成全真知。

　　張湛言意觀，最後歸結到「忘知忘言」上。程序上，須先有世俗之知。掌握言知之後，進而參透言知背後之真知。泯除「言知」之相後，連泯除的「工夫」相亦須一一化除淨盡。進而敞開心胸，放棄世俗之知，去經歷絕對之道。此是從「執滯言知」到「忘言遣知」的工夫歷程。惟有體證不言之言、無知之知，方是道境之呈現。[225]總之，「言意兼忘」是張湛所提言意理論的最終目的及結論。

224　見吳怡《禪與老莊》（臺北：三民書局，1992 年 11 月），頁 176。
225　見《張湛「列子注研究」》，頁 133。

第四章　魏晉「言不盡意論」的影響

　　魏晉時期，人們對於外物客體的認識有了一個明顯的轉變。這就是從原來的探究宇宙構成論轉向本體宇宙論。因本體宇宙論是超言絕象，非得借助於「玄學」——此一超越有限而達無限的特性，才可將本體宇宙論作為探討的對象。此時「言意之辨」應運而生，而「言意之辨」在探求其不可作為認識對象的方法中，確是解決玄學等問題的最佳途徑。

　　在當時，言意之辨有「言盡意」與「言不盡意」兩派論說。除歐陽建主「言盡意論」外，其他諸如荀粲「言象不盡意論」與王弼「忘言忘象得意論」均屬「言不盡意論」，甚至連嵇康的「聲無哀樂論」、張湛的「言意兼忘」、張韓的「不用舌論」與庾闡的「蓍龜論」，亦是以「言不盡意」為理論基礎的。是以「言不盡意」為玄學的基本命題。

　　王弼之所以提出「得意忘象」、「得意忘言」的方法，乃是有鑑於漢儒治學拘守文字本身，牽引濫用五行，不只經說繁瑣，更造成離本義更遠，難以掌握的局面。王弼以為言、象只是「得意」的工具，旨在「得意」，所以得意之後即可將言、象忘去，甚至超越言、象，而不要停留於工具本身。爾後郭象注《莊子》便是以此種治學方法，成功地達成玄學儒道融通、自然名教為一

的工作。其所謂「寄言出意」，實與「得意忘言」同致。[1]

　　總之，「得意忘言」說是魏晉「言意之辨」中最具有代表性和最有影響力的觀點。它不僅奠定了玄學本體宇宙論的認識論和方法論的基礎，而且對當時的文學理論和佛教言意思想，都有相當大的影響。

第一節　文學的「言不盡意」

　　魏晉玄學言意論辨，其「得意忘言」說，目的是「用之於解經，用之證玄理，用之調和孔、老，用之為生活準則」[2]，亦用之於文學藝術[3]。從陸機的「文不逮意」到劉勰的「情在詞外」到鍾嶸的「文已盡而意有餘」，構成魏晉文論的討論核心，對其後中國文學史有著深遠影響。

一、陸機：文不逮意

　　陸機是中國最早在文學創作思維活動中，對言意問題進行

1　曾美雲〈魏晉玄學中的教育思想及其特色〉（臺北：《中國文學研究》第十一期，1997 年 5 月），頁 16。

2　參湯用彤《魏晉玄學論稿，言意之辨》，頁 44。

3　魏晉玄學「得意忘言」這一思辨形式，影響文學藝術的各個門類。除了文學理論、文學創作外，諸如在音樂方面，嵇康提出著名的「聲無哀樂」論，這在前面章節有所說明，不再贅言。或是在繪畫理論上，如東晉畫家顧愷之曰：四體妍蚩，本無關於妙處，傳神寫照，正在阿堵中。（見《世說新語·巧藝》，劉義慶撰，劉孝標注（臺北：臺灣中華書局，1992 年），頁 27。顧愷之以「傳神寫照」為繪畫的最高境界，究其源，也是與玄學「得意忘言」有關。

探討的文論家。其代表作〈文賦〉則是中國文學理論史上第一篇系統闡述創作論的文章。他以「言不盡意」作為探討文學創作規律的思想方法。

> 余每觀才士之所作，竊有以得其用心。夫其放言遣辭，良多變矣。妍蚩好惡，可得而言。每自屬文，尤見其情。恆患意不稱物，文不逮意。蓋非知之難，能之難也。故作〈文賦〉，以述先士之盛藻，因論作文之利害所由，他日殆可謂曲盡其妙。至於操斧伐柯，雖取則不遠；若夫隨手之變，良難以辭逮。蓋所能言者，具於此云爾。[4]

　　陸機在序文中提出了「意不稱物，文不逮意」，其文和意即言和意，文不逮意即「言不盡意」。作者在創作時，常困於「文字」總是無法完善地表達「玄義」，「玄義」亦無法正確地反映「物象」。這在陸機看來，是屬於文、意、物之間的矛盾問題。他認為處理好文、意、象之間的關係，涉及創作規律的問題。所以他從創作角度談意和物、文和意的關係，文以傳意，而意能動多變，故知意為難。所謂「放言遣辭，良多變矣」、「隨手之變，良難以辭逮」。創作規律之所以難摸索、說明，正是由於文章的「多變」。因此，談創作規律，只能僅就其大體而言，其微妙處非言辭所能盡，所謂「蓋所能言者，具于此云爾」，即是暗指文章有應言而不能言者的地方[5]，他說：

---

4 見陸機《陸士衡文集》（臺北：臺灣商務，四部叢刊初編，1979 年），頁 2。
5 參見孔繁〈魏晉玄學言、意之辨與文學創作〉（北京：《孔子研究》第三期，1986 年），頁 75。或任繼愈主編《中國哲學發展史，魏晉南北朝》（北京：人民出版社，1988 年），頁 329。

> 若夫豐約之裁，俯仰之形，因宜適變，曲有微情：或言
> 拙而喻巧；或理樸而辭輕；或襲故而彌新；或沿濁而更
> 清；或覽之而必察；或研之而後精。譬猶舞者赴節以投
> 袂，歌者應絃而遣聲，是蓋輪扁所不得言，故亦非華說
> 之所能精。[6]

　　此段引言乃是陸機用來解釋說明前引「隨手之變，良難以
辭逮」一語。「曲有微情」，即是說明文章微妙處，而「言拙喻
巧」、「理樸辭輕」等等，均是從文和意的關係，談文章多變玄
妙，難以辭逮。因此，陸機認為創作中的精微奧妙之處只可得
之於心，應之於手，卻難以用言語來傳達，此即是當時玄學「言
不盡意」論的思想精神。這亦說明文章神妙處，不在言內，而
在「言外之意」。

二、劉勰：情在詞外

　　在陸機之後的文論家劉勰，其《文心雕龍》受到〈文賦〉
很大的啟發及影響。書名「文心」一詞即源自陸機所說的為文
之「用心」，且章學誠於《文史通義·文德》亦說：「劉勰氏出，
本陸機說而昌論文心」。[7]他的《文心雕龍》，對文學創作思維問
題，當然也包括言意關係問題，進行了卓有成效的探討。劉勰
的特點就在於他已超越了形而下的經驗描述，而更加地深入到
形而上的理論思辨中。〈夸飾〉：

---

6 見《陸士衡文集》，頁 3。
7 見章學誠《文史通義·文德》王雲五主編（臺北：臺灣商務，1968 年），頁 80。

> 夫形而上者謂之道，形而下者謂之器。神道難摹，精言
> 不能追其極；形器易寫，狀辭可得喻其真；才非短長，
> 理自難易耳。[8]

　　「形而上者謂之道，形而下者謂之器」，此二句語出《易經・繫辭上》。「道」與「器」相對而言。器，指局限於形象之內，而為具體之物；道，則是指超越形象之外，而非具體、實質之物。所以說「精言不能追其極」。劉勰視「道」為最高的精神境界，認為文學藝術的根源來自於「道」，而神明無方之道，微妙無形，難以描摹，即使以精微要妙的語言，亦無法詳細述說其究竟，是以「道」不可言傳。此即玄學「言不盡意」之旨。劉勰以道為體，以文為用，認為文學規律之奧妙處在象外、在言外。〈神思〉有言：

> 方其搦翰，氣倍辭前，暨乎篇成，半折心始。何則？意
> 翻空而易奇，言徵實而難巧也。是以意授於思，言授於
> 意；密則無際，疏則千里，或理在方寸而求之域表，或
> 義在咫尺而思隔山河。[9]

　　這段話說明了言意的區別，以及創作過程中言辭不能完全達意的缺憾。劉勰認為人們在提筆創作措辭之前，在腦海中想像的事物，可謂燦然豐富。可是，一旦等到作品完成，仔細比對，才發現所表達出的思想，竟只有原先所想的一半。究其原因，在於作者在運用聯想創作時，藉由想像力的發揮，在腦海

8　見劉勰《文心雕龍，卷八》四部叢刊正編（臺北：商務印書館），頁41。
9　同前註，頁31　。

憑空翻騰，所以容易產生新奇、獨特的觀點；然而，此特殊觀
點一旦形諸文字後，由於必須與事實相徵驗，所以作者在行文
時便受到遣辭造句上的拘束，難以窮盡地表達心中巧妙的情
理，因此，僅得其始心本意的一半。且作者情意的表現，雖是
思想的反應，但其所實際反應的，又未必是思想的整體全部；
而言辭雖為情意的表徵，但其所呈顯的，往往不甚理想，相去
千里，實未能盡如人意。所以思想、情意、文辭三者，確是難
以密切配合。此即「言不盡意」的基本原因，也正是陸機〈文
賦〉所言「恆患意不稱物，文不逮意」之意。〈神思〉又云：

> 至於思表纖旨，文外曲致，言所不追，筆固知止。至精
> 而後闡其妙，至變而後通其數，伊摯不能言鼎，輪扁不
> 能語斤，其微矣乎！[10]

　　劉勰強調：作者在思考的背後，所暗示的微妙意旨；文字
之外，所流露的曲折情致，既不能用言語加以表述，亦不能用
文字表述。若強加以文字表述，反會使文章失其美，失其趣味，
失其生命力。此處所言「纖旨」、「曲致」乃指言外、象外之意，
故非言語所能追其極，只有至精至變，深入玄微之人，才能闡
發其玄妙之處。此與嵇康〈琴賦〉：「非夫至精者，不能與之析
理也」[11]意思相同。皆是指文外玄妙之理，如伊摯難言其調鼎之
妙[12]，輪扁不能語其運斤之理[13]，即玄學所言之「言不盡意」。《文

---

10 同前註，頁 32。
11 見嵇康〈琴賦〉，頁 10。
12 語見高誘注《呂氏春秋卷十四・本味》：「鼎中之變，精妙微纖，口弗能言，
　 志不能喻。」（臺北：中華書局，四部備要本），頁 4-5。
13 語出《莊子・天道》：「輪扁謂桓公曰：……不疾不徐，得之於手而應於心，
　 口不能言，有數存焉於其間。」（見《莊子集釋》，頁 491。）

心雕龍・隱秀》亦說：

> 是以文之英蕤，有秀有隱。隱也者，文外之重旨者也；
> 秀也者，篇中之獨拔者也。隱以複意為工，秀以卓絕為
> 巧，……夫隱之為體，義生文外，秘響傍通，伏采潛發，
> 譬爻象之變玄體，川瀆之韞珠玉也。[14]

「隱」為文外重旨，即文之「道」或文之「體」，且「文外
重旨」與「義生文外」、「秘響傍通」、「伏采潛發」等等，都是
指言辭之外而不盡的意味。「隱」不是不欲人知，而是不欲明言，
讓讀者通過自己的藝術聯想和想像，領會其個中的奧義。[15]劉勰
以一個「隱」字來歸結這「餘味曲包」[16]－情理內蘊，餘味無窮
－的妙處。范文瀾注：「重旨者，辭約而義富，含味無窮，陸士
衡云：『文外曲致』，此隱之謂也。」[17]確實言明其理。

從上述可知，「言不盡意」的現象，在創作中確實存在著。
在劉勰看來，「言不盡意」雖會造成文學創作「辭不達意」的遺
憾。但是，他同時也提出，語言本身其實是具有無窮魅力的，
可以極少文字，去總括繁多形象的看法。〈物色〉篇描述到：

> 是以詩人感物，聯類不窮。流連萬象之際，沉吟視聽之
> 區；寫氣圖貌，既隨物以宛轉；屬采附聲，亦與心而徘
> 徊。故「灼灼」狀桃花之鮮，「依依」盡楊柳之貌，「杲

---

14 見《文心雕龍》，頁 45 。
15 參見袁行霈〈魏晉玄學中的言意之辨與中國古代文藝理論〉收錄《魏晉思想，
　　甲編三種》（臺北：里仁書局，1995 年 8 月），頁 12。
16 見《文心雕龍・隱秀》：贊曰：「深文隱蔚，餘味曲包。辭生互體，有似變爻。
　　言之秀矣，萬慮一交。動心驚耳，逸響笙匏。」頁 45。
17 見范文瀾《文心雕龍註本》（香港：香港商務，1960 年），頁 633。

杲」為日出之容，「瀌瀌」擬雨雪之狀，「喈喈」逐黃
鳥之聲，「喓喓」學草蟲之韻。「皎」日「嘒」星，一
言窮理；「參差」「沃若」，兩字連形；並以少總多，
情貌無遺矣。[18]

　　言雖不能盡意，但作為一個審美中介，語言卻是有其存在
的必要性，因為語言具有豐富的意義負載能力，依著語言，才
能使意義得到理想的傳播。《詩經》三百篇之所以感人，就是作
者能運用疊字疊韻，用視覺、聽覺等想像力，直接訴之於讀者
之感受。「一言窮理」、「兩字窮形」，劉勰似乎也體會到簡單的
一言兩語，是可以將萬物之情貌，一覽無遺地表達出來。而詩
人心受物感，自然形之於文辭。此即所謂「目既往還，心亦吐
納」、「情往似贈，興來如答」。[19]但當詩人欲託物以抒情時，「言
有盡而意無窮」（即「言不盡意」）的事實也必然存在。

　　可見，劉勰對言意關係的探討比陸機深入得多。他是從「言
不盡意」和「言簡意豐」兩個不同的層次來研究問題，使「言
意」這一對哲學範疇，在文學理論和創作經驗中，都得到了較
為充分的闡釋。[20]

三、鍾嶸：文盡意餘

　　除了陸機和劉勰，魏晉南北朝時代另一有成就的文學理論

18　見《文心雕龍》，頁 51。
19　語見《文心雕龍·物色》：「贊曰：『山沓水匝，樹雜雲合。目既往還，心亦吐
　　納。春日遲遲，秋風颯颯。情往似贈，興來如答。』」，頁 51。
20　見劉琦、徐潛〈言意之辨與魏晉南北朝文學思維理論的發展〉（北京：《文藝
　　研究》，1992 年 4 月），頁 68。

家，就屬鍾嶸了。他的《詩品》是現存最早的一部詩歌評論專著。其中「三義說」和「滋味說」都關涉到文學創作和審美活動中的言意問題。《詩品・序》曰：

> 詩有三義焉：一曰興，二曰比，三曰賦。文已盡而意有餘，興也；因物喻志，比也；直書其事，寓言寫物，賦也。宏斯三義，酌而用之，幹之以風力，潤之以丹彩，使味之者無極，聞之者動心，是詩之至也。若專用比興，則患在意深，意深則詞躓。若但用賦體，患在意浮，意浮則文散，嬉成流移，文無止泊，有蕪漫之累矣。[21]

　　鍾嶸對「三義」的闡釋有其獨到的看法。[22]他闡釋「興」為：「文已盡而意有餘」，此顯然不同於傳統上做「興者，起也」解，而是從審美思維的角度出發，將「言」與「意」做對比論證。對「賦」的解釋是「直書其事，寓言寫物」，前一句「直書其事」是沿用鄭玄「賦之言鋪，直鋪陳今之政教善惡」之說法[23]，後一句「寓言寫物」則是鍾嶸所加，由此看出他獨特的思考。清代文論家劉熙載在其《藝概・賦概》中有言：「風詩中賦事，往往兼喻比興之意。鍾嶸《詩品》所由竟以『寓言寫物』為賦也。

---

21 見鍾嶸《詩品》（臺灣：中華書局，四部備要本，卷上），頁2。
22 關於「賦、比、興」的闡釋，在鍾嶸之前即有之。如《周禮・春官》的「六詩說」：「大（太）師……教六詩：曰風、曰賦、曰比、曰興、曰雅、曰頌。」（見《周禮・十三經注疏本》，頁354、356）。「六詩說」，是從詩的樣式上著眼，後來《詩大序》把「六詩」叫作「六義」：「故詩有六義焉：一曰風、二曰賦、三曰比、四曰興、五曰雅、六曰頌。」（見《詩經・十三經注疏本》，頁15。「六義說」則是從詩的樣式轉到了美刺政教，勸善懲惡的政治理論上去。二者對賦、比、興的理解，是迥異於鍾嶸從藝術審美的角度出發的。（參見〈言意之辨與魏晉南北朝文學思維理論的發展〉，頁68。）

賦兼比興，則以言內之實事，寫言外之重旨。故古之君子上下
交際，不必有言也，以賦相示而已。不然，賦物必此物，其為
用也幾何。」[24]可知，劉熙載對鍾嶸釋賦的理解是很透徹的。鍾
嶸是把興、比、賦視為一相輔相成的整體，執偏其一，作品易
流於「詞躓」、「文散」之弊，唯有三者同時酌而運之，才能使
「味之者無極，聞之者動心」，給讀者「言有盡而意有餘」的藝
術感受。又《詩品》每以「滋味」論詩：「夫四言，文約意廣，
取效《風》、《騷》，便可多得，每苦文繁而意少，故世罕習焉。
五言居文詞之要，是眾作之有滋味者也；故云會於流俗，豈不
以指事、造形、窮情、寫物，最為詳切者耶！」[25]鍾嶸所強調的
「滋味」，就是「意味」，就是要「文約意廣」、「言簡意豐」。「滋
味」固然可求諸言內，更須借助言外，此與三義說「文已盡而
意有餘」在本質上是相通的。

　　總之，從陸機的〈文賦〉，到劉勰的《文心雕龍》，再到鍾
嶸的《詩品》，「言不盡意」作為一種哲學論題，對中國文學理
論的研究與發展有重要的影響。[26]

---

23 見《周禮・十三經注疏本》，頁 356。
24 見徐中玉、蕭華榮整理《劉熙載論藝六種》（四川：新華書店，1990 年），頁
　　95。
25 見鍾嶸《詩品》，頁 2。
26 唐末司空圖《二十四詩品》以「不著一字，盡得風流」倡詩歌的境界。（見司
　　空圖《詩品》四部備要本，頁 1）。南宋嚴羽《滄浪詩話》以禪喻詩，有言「禪
　　道惟在妙悟，詩道亦在妙悟。」「所謂不涉理路，不落言詮者，上者。詩者，
　　吟詠情性也。聖唐諸人，惟在興趣，羚羊掛角，無跡可求。故其妙處透徹玲
　　瓏，不可湊泊，如空中之音、相中之色、水中之月、鏡中之象，言有盡而意
　　無窮。」（見嚴羽著、郭紹虞校釋，臺北：東昇，1980 年，頁 10、24）從上
　　述所舉，可以看出，中國詩學理論的重要特點，是強調「言外之意」，此乃根
　　源於魏晉玄學「言不盡意」論。

四、陶淵明：欲辨已忘言

　　魏晉「言意之辨」不但影響當時的文學理論，更直接表現於文學創作。在當時將玄學「言不盡意」論中言、象、意複雜關係表現最好的文學家，當推東晉「古今隱逸詩人之宗」[27]陶淵明。

　　陶詩和玄學「言不盡意」有何關係呢？誠然，玄學的「言不盡意」作為一個哲學思想範疇並不等於文學創作。前者作為認識論和方法論，是玄學家對言意關係的抽象說明；後者則是作家在深入體察生活的基礎上對真實情感的表現。兩者本是歸屬不同的領域範疇，究竟是何內在聯繫，才使玄學「言不盡意」影響到文學創作呢？而陶詩到底是如何接受玄學「言不盡意」論的影響呢？

　　玄學所謂的「言不盡意」，本是源於道家對於「道」的特性的描述。「道」是不可見、不可聞，不具「形色名聲」的東西，它是屬於一種抽象的理念。因此對於「道」的認識也不可用理性的思維作出具體而精確的說明，只能通過心領神會的方式去體驗與領悟。也就是說「只能意會，不可言傳」，即所謂「言不盡意」。而文學藝術的重要特徵，即在於「言有盡而意無窮」。

---

27 「古今隱逸詩人之宗」語出鍾嶸《詩品》，他評陶詩「文體省淨，殆無長談」，卻列為中品。究其原因，鍾嶸受到當時形式主義文風的影響，崇尚駢體文學的華美辭藻，在評論時，對華靡纖巧，風格典雅的作品，給予相當高的評價。因此，相對於陶淵明「真古」、「世嘆其質直」的作品，不是一般地不足，而是太缺乏了，所以評價不高。但到唐宋，隨古文運動的開展，人們對陶詩的理解顯得比較深入，對其讚響有加，因而地位也相對提高。

文學之所以美，不僅在於有盡之言，而尤在無窮之意。換言之，文學作品之所以美，不只是美在已表現的部分，尤其美在未表現出來而含蓄無窮的部分。由此可知，道家對「道」的認識與文學藝術，兩者之思維活動都共同具有「言不盡意」的特徵，無疑「言不盡意」也就成為兩者內在溝通的的橋樑。正是在此意義上，言陶詩與道家的「言不盡意」有著不可分割的內在聯繫。[28]因此，陶詩就順理成章接受了玄學「言不盡意」論的影響。

陶淵明是受到玄學「得意忘言」影響的詩人。他在〈五柳先生傳〉中說自己：「好讀書，不求甚解；每有會意，便欣然忘食。」[29]這番自白說明淵明不為繁瑣的訓詁，而以己意會通書中旨略的學習態度。換言之，他所注意的重點是文章外之「會意」，而非如漢儒墨守家法，窮究一經。陶淵明即是用「會意」這種新觀點去探索人生的理想，希望從混濁而苦難的現實超脫到理想的精神世界去。他為文作詩，自然也是為了表現自己「得意」時所特有的精神滿足和樂趣。「常著文章自娛，頗示己志。忘懷得失，以此至終。」[30]他確是個忽忘形骸，重理想，貴精神生活的人。這種處世的態度和超世的方法，正是玄學「得意忘言」的具體運用。[31]今觀〈飲酒〉詩第五首云：

---

28 參見朱家馳〈陶詩的言約旨遠與玄學的言不盡意〉（內蒙古：《內蒙古大學學報》第三期，1985 年），頁 64。
29 見楊勇著《陶淵明集校箋》（臺北：正文書局，1987 年），頁 287。
30 同前註。
31 參見李文初〈陶詩與魏晉玄風〉（廣州：《暨南學報》第二期，1982 年），頁 90。

結廬在人境，而無車馬喧。問君何能爾？心遠地自偏。
采菊東籬下，悠然見南山，山氣日夕佳，飛鳥相與還。
此中有真意，欲辨已忘言。[32]

這首詩是陶淵明妙用玄學「得意忘言」之理，進行創作出來的一篇典型詩作，也是他所追求的人生理想反應到詩歌創作中所凝成的最佳藝術境界。這個藝術境界，即詩中所說的「真意」（玄學家常用之術語，意為自然之趣），此真意主要從「採菊東籬下，悠然見南山；山氣日夕佳，飛鳥相與還」四句體現出來。前二句寫詩人自己，後二句寫自然景象。詩人在東籬下採菊，悠然自得，又逢山氣特佳，飛鳥投林的黃昏，大自然的一切都自由自在地委分運化，顯得融和有生機，詩人的心境與大自然融為一體，幾乎到了物我兩忘的境界。[33]

詩人在看到日夕歸鳥的一剎那間，主觀的情感與客觀的物象相契合，忽然悟出人生的真諦。他想將它說出來，又覺得不好說，不必說，於是用「欲辨已忘言」一句帶過，讓讀者自己去體會。而且詩人既已體悟到其中「真意」，何需還要用語言來加以辨別與表達呢？既然追求的目的已經達到，用以說明目的的語言也就可以忘掉了。所以說「欲辨已忘言」。而這或許可算是玄學「得意忘言」論的另一種說法。

引文前四句，詩人直抒胸臆。身居人世間，難免會受到世俗的干擾。然而詩人志趣高遠，其心超然於境遇形骸之上，是以，雖結廬人境，卻似深居靜巷。所以然者，在於詩人能做到

---

32 見《陶淵明集校箋》，頁 144-145。
33 見〈陶詩與魏晉玄風〉，頁 91。

「心遠」，入俗而超俗，不為現實環境所拘，忘卻世俗的紛紛擾攘，以恬適寧靜的心過生活。這種輕忽人事，寄心於玄遠的精神境界，正是玄學家「得意忘言」思辨方法的真實體驗。

蕭統〈陶淵明傳〉說陶淵明：「不解音律，而蓄無絃琴一張，每酒適，輒撫弄以寄其意。」[34]可推知陶淵明很懂絃外之音的妙處。而魏晉玄言詩最大的特點，就是要表現「玄外之音」、「言外之意」，陶淵明（飲酒詩之五）正是「言在耳目之內，意在八方之外」，與王弼「忘言忘象而得意」之玄學思想不謀而合。可知魏晉言意之辨確實對陶淵明產生非凡的影響。

第二節　佛學的「言不盡意」

魏晉佛學和魏晉玄學兩者間最重要的共同支柱，一是「本末體用之辨」，印度佛教般若學原本沒有「本末體用」這套範疇，但有「真諦」和「俗諦」的「二諦義」。魏晉玄學的中心問題是論辨所謂體用，即本末、有無的關係問題。當時般若學的中心問題也是在談空（無）、有的問題。這實際上是按照魏晉玄學的思想和範疇對印度般若學二諦說的比附、引申和發揮，即把「真諦」說成是本體的「無」，「俗諦」說成是萬物的「有」。二是「言意之辨」，般若學者和玄學學者都持「忘筌取魚」、「忘言得意」的方法論。佛教無本體論，然般若之盪相遣執的作用方式和玄學的表現方式是相同的，即是－詭辭為用。由此可見，**魏晉佛**

學和玄學的認識論、方法論基本上是一致的[35]。

一、支道林：理冥言廢

　　梁、慧皎《高僧傳》卷四〈支遁傳〉提到支道林：「每至講肆，善標宗會，而章句或有所遺，時為守文者所陋。謝安聞而善之曰：『此乃九方歅之相馬也，略其元（玄）黃，而取其駿逸。』」[36]《世說新語‧輕詆》，劉孝標引用〈支遁傳〉內容，曰：「遁每標舉會宗，而不留心象喻，解釋章句，或有所漏，文字之徒，多以為疑。」[37]兩段說法雖文句上有出入，但所要表達的意思大抵相同，都是指出支道林講經說法，是不拘執於文字章句上，得意忘言，只求會通玄義。

　　支道林對般若學有其個人見解，稱為「即色義」。《世說新語‧文學》：「支道林造即色論」此條下注云：

> 《支道林集‧妙觀章》云：夫色之性也，不自有色。色不自有，雖色而空。故曰：「色即為空，色復異空。」[38]

---

35 見石峻、方立天〈論魏晉時代佛學和玄學的異同〉（北京：《哲學研究》第十期，1980 年），頁 35、41。

36 梁、釋慧皎《高僧傳》卷四〈支遁傳〉（臺北：廣文，1971 年），頁 237。九方歅相馬，典出《列子‧說符》：「穆公曰：『何馬也？』（九方皋）對曰：『牝而黃』，使人往取之，牡而驪，穆公不說。……若皋之所觀，天機也，得其精，忘其麤，在其內而忘其外；見其所見，不見其所不見，視其所視，而遺其所不視。若皋之相者，乃有貴乎馬者也。」（見《列子集釋》，頁 164。）

37 見《世說新語‧輕詆》，頁 17。

38 見《世說新語‧文學第四》，卷上之下，頁 15。安澄《中論疏記》卷第三末引：「支道林著云〈即色遊玄論〉：『夫色之性，色不自有，不自，雖色而空，知不自知，雖知而寂。』……其製〈即色論〉云：『吾以為即色是空，非色滅空，斯言至矣，何者？夫色之性，不自有色，色不自有，雖色而空；知不自知，雖知恆寂。』」（見《大正藏》第六五冊，頁 94。

所謂「色」，即是指物質性的存在或物質現象。支氏認為，色不是由自身所形成的，也就是否定事物的存在基礎或其存在性能內在於事物自身之中，所以說色即是空，而不必等到物質存在壞滅了，才說空（「非色滅空」）。[39]但作為現象的「色」必須通過人們主觀的名謂，才能認識它的「假名」，所以就現象界而言，可以說是「色復異空」。支氏對言意的看法，也是透過「即色義」來理解。

> 夫無也者，豈能無哉！無不能自無，理亦不能為理。理不能為理，則理非理矣；無不能自無，則無非無矣。[40]〈大小品對比要鈔序〉

夫「至無」也者，豈能執定在「無」呢？「無不能自無，理亦不能為理」與「即色」義之「色不自有」句法雷同。至無是不能執定在一無上，至理也不能執定在一理上。因為執定之無非至無之自身、執定之理亦非至理之自身。[41]「至無」與「至理」同「道」本無名，之所以有名，並非是「至無」與「至理」本身本有之名，而是人為之所立。既是通過人們主觀的名謂，才能認識它的「假名」，是以，此等「假名」並不足以盡「至無」與「至理」之真義。此即老子所謂「道可道，非常道；名可名，非常名」之旨。亦是王弼所言：「可道之道，可名之名，指事造

---

39 見楊祖漢〈印度佛教概說與六家七宗〉，收錄於王邦雄、岑溢成、高柏園、楊祖漢先生合編之《中國哲學史》（臺北縣：國立空中大學，1998 年），頁 425。

40 見《大正新修「大藏經」‧目錄部》第五五冊，〈大小品對比要抄序，第五〉《出三藏集》卷第八，頁 55。

41 周雅清〈支道林思想析論〉（臺北：《臺師大中國學術年刊》第二十三期，2002年），頁 257。

形，非其常也。」之意。正由於「名言」無法窮盡「至無」、「至理」精妙之道，故「理冥則言廢，忘覺則智全」，此與王弼「得意忘言」之玄義相契合。[42]支道林續云：

> 是以十住之稱興乎未足定號，般若之智生乎教跡之名。是故言之則名生，設教則智存。智存於物，實無跡也；名生於彼，理無言也。何則？至理冥壑，歸乎無名。無名無始，道之體也；無可不可者，聖之慎也。苟慎理以應動，則不得不寄言，宜明所以寄，宜暢所以言。理冥則言廢，忘覺則智全。若存無以求寂，希智以忘心，智不足以盡無，寂不足以冥神。[43]

般若智之名，其所以生之所由，乃源於「言之則名生」、「設教則智存」，是人之所立，設教所須，是教法上的權宜施設。般若智之名雖生乎教跡，而其實質則是絕言離相的。為何如此呢？因為虛寂空冥的至無、至理，是任何語言文字所無法全幅地窮盡表述的。尤其佛法真諦更是只可意會，不可言傳的。然而，從另一方面來看，佛教經典卷帙浩繁，無一不是語言文字的產物，且佛法精深奧妙，聖人得憑藉語言文字，才能教化眾生。大乘中觀學派創始人龍樹言：「若失語言，則義不可得。」[44]劉勰老師僧祐也說：「夫神理無聲，因言辭以寫意；言辭無跡，緣文字以圖音。故字為言蹄，言為理筌，音義合符，不可偏失。

---

42 參見楊祖漢〈印度佛教概說與六家七宗〉，頁407。
43 見《大藏經》第五五冊，頁55。
44 見《大藏經·釋經論部上》第二五冊，《大智度論》卷七九，頁620。

是以文字應用，彌綸宇宙，雖跡繫翰墨，而理契乎神。」[45]是以，追求至理是不能拘執於語言文字的，但是離開了語言，對至理的追求又無法實現。因此，研讀佛經，惟有借助於言又超越於言，「宜求之於筌表，寄之於玄外」[46]，才能進入高遠玄妙的境界。

　　支道林「理冥則言廢」之「得意忘言」的求道方法，落在工夫論而言，則特別強調「忘」與「遣」。唯有忘言、遣言，才能進入「筌表、玄外」的境界。然而有「忘」有「遣」，仍落在工夫相中，是以支道林進一步強調：

> 存乎存者，非其存也；希乎無者，非其無也，何則？徒知無之為無，莫知所以無；知存之為存，莫知所以存。希無以忘無，故非無之所無；寄存以忘存，故非存之所存，莫若無其所以無，忘其所以存。忘其所以存，則無存於所存；遣其所以無，則忘無於所無，忘無故妙存，妙存故盡無，盡無則忘玄，忘玄故無心，然後二跡無寄，無有冥盡。[47]

　　心存求寂，則所求非真寂；相同道理，心存求無，則所求非真無。何以如此？只知無之為無，而不知所以無；只知存之為存，而不知所以存，此非明智之舉。因「無之為無」、「存之為存」之無與存，是執著、滯泥之跡；「所以無」、「所以存」之無與存，乃真無真存。然若欲以希無、寄存的方式，去求得忘無、忘存的真無真存之境，結果仍是令人失望的。因為「希無」、

45 見《大藏經》第五五冊，頁 54。
46 同前註，頁 56。
47 同前註，頁 55。

「寄存」仍是為人所執著，人們只是陷溺於更高一層次之跡，畢竟以跡泯跡，於跡未能忘，終究仍是跡。因此唯有遣去、忘卻欲達至「所以無」、「所以存」之心念，才能真正泯其跡，存其妙。妙存故可窮盡無之真蘊，窮盡無之真蘊，故連玄亦可忘。忘玄，則無執著分別心，無執著分別心，然後跡與所以跡，有與無都可歸於冥極無寄。[48]簡言之，唯有忘無忘玄，層層忘遣，忘而又忘，以至於無心而忘，才能真正達到「二跡無寄，無有冥盡」玄遠境界。[49]

二、僧肇：無名無說

東晉佛學理論家僧肇，早夭的天才[50]（西元 384－414）。少便志好玄微，深受道家思想的影響，是鳩摩羅什之得意門生。所著《肇論》包括〈物不遷論〉、〈不真空論〉、〈般若無知論〉等佛學專論[51]，以玄妙優美文字，表達深邃的般若性空（存在的不真實）學說。《肇論》以解「空」為主，亦涉及言意問題。〈不真空論〉：

> 真諦獨靜於名教之外，豈曰文言之能辨哉。然不能杜默，聊復厝言以擬之。[52]

《般若經》有真俗二諦。「真諦」或「勝義諦」在《般若經》

48　參見〈支道林思想析論〉，頁 258。

49　見周雅清《成玄英思想研究》（臺北：師大國文研究所碩士論文，2002 年 5 月），頁 56。

50　另一位早熟早夭的天才，是前面提過的王弼（西元 226－249）。

51　《肇論》尚有〈宗本義〉及〈涅槃無名論〉，但據後人研究，此二篇有可能非僧肇所作。

中譯為「第一義諦」，意為出世間的真理。「俗諦」或「世俗諦」，
意指世俗認識及其面對的整個現象世界。真諦不可思議，不可
言議，是超然於名言概念之外的。所以佛教真理是不能用世俗
的語言文字來表達的，惟有通過俗諦才能顯示出來。所以佛陀
就通過俗諦來說真諦。從根本上說，真諦與俗諦都只是佛說法
的善權方便，因而都不能執著。就連「真諦」的觀念也應一併
除去，因為任何的計較執著都是不符合般若性空的要求。[53]〈般
若無知論〉有言：

> 然則聖智幽微，深隱難測。無相無名，乃非言象之所得。
> 為試罔象其懷，寄之狂言耳，豈曰聖心而可辨哉！[54]

　　此文是示般若義深微難識及非言說所能相應。般若義乃菩
薩等所成就的大智慧，故名般若是「聖智」。聖智湛寂無跡，真
一絕待，非辨解的識心所能相應，故云「難測」。「無相無名，
乃非言象之所得」，一切可測者皆有相，「相」即通常所言之相
貌，凡成相貌者皆可為識心所測。聖智湛然無跡而不可測，故
云「無相」。「無名」之「名」指概念而言，無名即非一切概念
所能相應之謂。「言」與「象」對應於「名」與「相」說，既「無
相無名」，故云「非言象之所得」。而聖智對識心言，既不可以
識心測之，又不可以言象得之，若欲明聖者之心，只能「罔象
其懷，寄之狂言」了。「罔象」當為「象罔」，均解「無跡」，是
虛懷的象徵。語出《莊子·天地》云：「黃帝……遺其玄珠，使

52　見《大藏經·諸宗部》第四十五冊，頁 152。
53　參見洪修平釋義《肇論》（高雄：佛光出版社，1996 年），頁 225。
54　見《大藏經·諸宗部》第四十五冊，頁 153。

知索之而不得，使離朱索之而不得，使喫詬索之而不得也。乃使象罔，象罔得之。」[55]此文以玄珠比擬聖智，象罔乃能得之。故欲得聖智，必也「象罔其懷」。象罔其懷者，蓋指虛其心之意，必虛其心乃能實其照，實其照即是聖智之勝用。「狂言」亦引自《莊子‧知北遊》有云：「已矣夫子！無所發予之狂言而死矣夫！」成玄英疏謂：「狂言，猶至言也，非世人之所解，故名至言為狂也。」[56]至道離言，故體道者當藏其狂言，然異端之論紛然，不得已而辯，故寄之狂言以擬聖者，非云聖智可正面地以名言概念謂述之，故復結之以「豈曰聖心而可辯哉？」明聖心不可以名言概念以辨示也。[57]〈般若無知論〉又言：

> 般若義者，無名無說，非有非無，非實非虛。虛不失照，照不失虛，斯則無名之法，故非言所能言也。言雖不能言，然非言無以傳，是以聖人終日言而未嘗言也。今試為子狂言辨之。[58]

般若空義，既無名稱，也不可論說；既不是有，也不是無；既不是真實存在，也不是虛寂幻化的。在虛寂中而不失觀照，觀照中而不失虛寂。此乃無名之法，萬法皆空，非萬法不存在，而是萬法存在的不真實。故非一般語言文字所能表述，語言雖

---

55 見《莊子集釋》，頁414。
56 《莊子集釋》，頁754-755。「狂言」一詞在〈知北遊〉出現兩次，除正文所引外，另一處所載是「今於道，秋豪之端萬分未得處一焉，而猶知藏其狂言而死，又況夫體道者乎？」（頁755）
57 參見廖鍾慶〈僧肇般若無知論析義〉（臺北：《鵝湖月刊》，1976年1月），頁27。
58 見《大藏經‧諸宗部》第四十五冊，頁153。

不能窮盡表達，但離開語言又根本無法清楚表達。簡言之，佛教真理本無言，然非言又不能呈顯真理。因此，佛教般若空觀的智慧，是以非有非無、有無雙遣的方法，來觀照萬法性空的真實本質。〈答劉遺民書〉有言：

> 夫有也無也，心之影響也。言也象也，影響之所攀緣也。有無既廢，則心無影響；影響既淪，則言象莫測；……聖者無知而無所不知，無為而無所不為，此無言無相寂滅之道，豈曰有而為有，無而為無，動而乖靜，靜而廢用耶？而今談者，多即言以定旨，……須菩提終日說般若，而云無所說。此絕言之道，知何以傳？庶參玄君子，有以會之耳。……夫言跡之興，異途之所由生也。而言有所不言，跡有所不跡。是以善言言者，求言所不能言；善跡跡者，尋跡所不能跡。至理虛玄，擬心已差，況乃有言？恐所示轉遠，庶通心君子，有以相期於文外耳。[59]

僧肇以影譬喻象，以響譬喻言。心若與影、響絕緣，即是心不依賴影、響所攀緣的言象。僧肇非難世人「即言定旨」，說一般人過份重視語言文字的功用，以為剋就語文本身便可確定其中的深遠玄旨，於是拘泥執著語言，誤以為已經掌握、悟解了作者的心中意旨。是以，僧肇舉天賦空慧的須菩提為例，說他雖「終日說般若，而云無所說。」此義在中國語出《莊子·寓言》：「言無言，終身言，未嘗不言；終身不言，未嘗不言。」[60]那麼作為弦外之音的言外之意，既非知見之境，又何以能傳

---

59 同前註，頁 156-157。
60 見《莊子·寓言》，頁 949。

呢？僧肇以為惟有「通心君子」，以「得意忘言」之法，才能參透玄意，通達玄旨。[61]

　　佛學般若，深遠玄微，不落言詮，亦非常合乎超越物象、意在言外之玄學精神。由此精神之相契，而致玄學與佛學之相與合流。換言之，即因「言意之辨」的方法，而得玄釋之交融也。[62]而《肇論》的言意思想，正是中國言意思想從魏晉玄學和玄佛合流局面，逐漸向南北朝及隋唐佛教言意思想大發展的局面過渡的中介，它構成了中國思想發展史上不可缺少的一環。就此意義上，僧肇不但在中國佛教史上，而且在整個中國思想史上，都占有極其重要的地位。[63]

三、禪宗：道在心悟

　　僧肇受到先秦道家和魏晉玄學的影響，並以般若空義的思辨方式來處理言意問題，初步發揚了印度原始佛教「意超言」之旨。唐宋盛行的禪宗，更是受到魏晉玄學及僧肇的影響，將達磨祖師（西元 460－534）「不立文字」之旨，發揮得淋漓盡致。[64]關於禪宗的起源，有一個「拈花微笑」的典故：世尊在靈山會上，拈花示眾。是時眾皆默然，惟迦葉尊者破顏微笑。世尊曰：「吾有正法眼藏，涅槃妙心，實相無相，微妙法門，不立文字，

---

61 參見〈老莊的言意觀對僧肇與禪宗的影響〉，收錄在王煜著《老莊思想論集》（臺北：聯經出版事業公司，1981 年），頁 479-780。
62 參見劉貴傑《支道林思想之研究》（臺北：臺灣商務書局，1982 年），頁 37。
63 見洪修平《肇論》，頁 18。
64 見〈老莊的言意觀對僧肇與禪宗的影響〉，頁 481-482。

教外別傳，付囑摩訶迦葉。」[65]這個典故把佛教的言意觀表現得非常透徹。表示佛法真諦是只可意會，而不可言傳的。

　　在中國佛教哲學中影響力最大的宗派，是以慧能思想為宗旨之南宗禪學。慧能說：「菩提自性，本來清淨，但用此心，直了成佛。」[66]（《壇經·行由》）此「用心」二字著實重要，求道要用菩提心、清淨心，捨執迷而當下頓悟，與佛合一，而成佛道。「我此法門，從上以來，先立無念為宗，無相為體，無住為本。無相者，於相而離相；無念者，於念而無念；無住者，人之本性。」（《壇經·定慧》）這是說成佛不在於念經坐禪，而重在心悟。因為「本性是佛、離性無別佛。」「一切般若智，皆從自性而生，不從外入。莫錯用意，名為真性自用。」「若識自心見性，皆成佛道。」（《壇經·般若》）佛既然在自家的心性中，所以成佛的法門就是悟心。黃蘗斷際（希運）說：「道在心悟，豈在言說，言說祇是化童蒙耳。」[67]宋代佛果圜悟禪師克勤和尚：「佛祖……單傳心印，不立文字語句，……佛祖以心傳心，蓋彼穎悟透脫，如兩鏡相照，非言象所拘。……宗門接利根上智，提持出生死絕知見、離言說、越聖凡。……大凡學道探微，須以大信根，深信此事不在語言文字一切萬境之上，確實惟於自己根腳，放下從前作知作解狂妄之心，直令絲毫不掛念，向本境無垢寂滅圓妙本性之中，徹底承擔，當能所雙忘，言思路絕，廓然明見本來面目……成箇灑灑無事道人，何須向紙上尋他死

---

65 見宋·普濟著《五燈會元》卷一（臺北：文津，1986 年），頁 10。

66 見釋法海撰、丁福葆註《六祖壇經箋註》（臺北：文津，1984 年），頁 58-59。

67 見《禪學大成》，第五冊「黃蘗山斷際禪師傳心法」宛陵錄（臺北：中華佛教文化館影印），頁 14。

語。……道本無言，因言顯道，若得此道，斷不在言句上，後番才有言句，……語言作用，纔生解會，即被羈勒，更無自由分。」[68]禪師認為拘執語言文字，等於墜落死水，唯有不隨一切語言轉，心才得以自由，意才得以通達。由此可知，禪學的特色在於掃除與擺脫語言文字的障礙，「道在心悟」。

「道在心悟」，不在「言說」。言說只是「因緣方便」，無論言說何等玄妙，終究僅是悟道之助緣。然而若無此助緣，又難以悟其道。道是超乎語默的，若一定要說，以為言說便能表述真實世界者，此固然是虛妄執著；若一定不說，凡事物均以不言為言，此亦是有所執著，著於不說，故不能言說，此亦非圓融活智之境界。[69]所以，修道者應不拘泥有言（語），也不該執著無言（默），也就是說，唯有破除有無二執，不捨不著言說，才能悟其佛理。

禪宗「道在心悟」探究體道的問題，與玄學探討本體宇宙論相似。只是，禪宗「道在心悟」，是透過主體修養而展開的超言意境，與魏晉玄學所談論的言意關係是不同的。玄學在探討言意關係時，大抵是依著語言文字的表意功能去探究言意之間的關係。禪宗則是著重於個體修養與道體間的關係，「言」於此的地位就相對地不那麼重要了。

68　見《禪學大成》，第四冊「佛果圜悟禪師心要」，頁 7、15、23、25、54、56。
69　見陳沛然《佛家哲理通析》（臺北：東大，1993 年），頁 186。

第五章　結　論

第一節　魏晉玄學的方法論

　　「言意之辨」是魏晉玄學主要課題之一[1]，雖然歷來的文獻資料中都或多或少提及它的重要性，但以它為基源，嘗試對魏晉玄學做詮釋者，卻始於湯用彤先生。他在其《魏晉玄學論稿》一篇題作〈言意之辨〉的簡短論文中，相當清楚地表達對其「言意之辨」的看法與立場。[2]首先，湯氏以為研究時代學術之不同，除應注意其變遷之跡，尤當識其所以變遷之理由，而其理由，一為時風，二為治學之眼光及其方法，且後者實為必要條件，他說：

---

[1] 魏晉玄學是一種思辨性比較強的哲學，它的特點之一就是豐富了中國傳統哲學的概念、範疇。例如，在魏晉玄學中「有無」、「體用」、「本末」、「一多」、「言意」、「性情」、「獨化相因」、「名教自然」、「無心順有」等等，這樣一系列的概念、範疇都被成對的提出來了。這中間有的雖是先秦哲學中已有的，但在魏晉玄學中，它的內容更加豐富了，涵意更加明確了。見湯一介《郭象與魏晉玄學》（中和：谷風，1987 年 3 月），頁 4。

[2] 見湯用彤〈言意之辨〉，收於《魏晉思想乙編三種》，頁 23。

> 新學術之興起，雖因於時風環境，然無新眼光新方法，
> 則亦只有支離片斷之言論，而不能有組織完備之新學。
> 故學術，新時代之托始，恆依賴新方法之發現。[3]

　　由此可知，某一新觀念、新學說的提出或產生，往往需要仰賴一套相應的方法論系統來支持，才得以成熟、落實並造成影響。這是思想發展史上的一般規律，在中國古代則主要表現為注經方法的革新。[4]這是因為，先秦經典，乃為原創性思想，具有最高智慧，是中國文化的總源頭，在中國哲學史上佔有不可動搖的地位。因此，歷代思想家在建立符合當代需要的思想體系時，總是以注經的方式發揮自己的新意。尤其到了漢代，經學家以訓詁章句為方法，「博學者又不思多聞闕疑之義，而務碎義逃難，便辭巧說，破壞形體。說五字之文，至於二、三萬言。後進彌以馳逐，故幼童守一藝，白首而後能言。」[5]反覆論究，歷四百年，終至窮途末路。當學術發展至此，只好另求出路。魏晉學者則是獨創新的方法來重新注經。

> 夫玄學者，謂玄遠之學。學貴玄遠，則略於具體事物而究心抽象原理。論天道則不拘構成質料（Cosmology），而進探本體存在（Ontology），論人事則輕忽有形之粗跡，而專期神理之妙用。夫具體之跡象，可道者也，有言有名者也。抽象之本體，無名絕言而以意會者也，跡

3　同前註。

4　王曉毅〈魏晉「言意之辨」的形成及其意義〉（北京：《中國哲學史》，1990 年 1 月），頁 61。

5　見《漢書．藝文志》漢．班固撰，唐．顏師古注（臺北：鼎文書局，1975 年），頁 1723。

象本體之分，由於言意之辨，依言意之辨，普遍推之，而使之為一切論理之準量，則實為玄學家所發現之新眼光新方法。王弼首唱得意忘言，雖以意解，然實無論天道人事之任何方面，悉以之為權衡，故能建樹有系統之玄學。……由此言之，則玄學系統之建立，有賴於言意之辨。[6]

「玄學」，這種在魏晉時期的新學說，是用心於抽象之原則，而所探究的論題有兩方面，一是天道，一是人事。對於天道的討論，是擺脫漢人氣化宇宙論的說法，不以講求構成質料為興趣，而改以直探本體存在為重心。對於人事，則不限於有形之跡，而專注於神理的妙用。而且湯氏認為名言的功用是在於指稱及表達事物。然而，一般的名言因為是建立在經驗世界的基礎上，所以對於以「本末有無」等形而上學的問題為主流的魏晉玄學家而言，大都認為此類名言是無法充份窮盡地指稱、表達形而上的實體或原理，此即言不盡意論。湯先生以此論點為前題，訂出區別「具體之跡象」與「抽象之本體」之標準：能用一般名言表達者是具體的跡象（有），無法用一般名言表達，而只可意會者是抽象的本體（無）。在魏晉當時，王弼首先以「得意忘象」、「得象忘言」作為玄學研究之方法，他超脫「言」、「象」之表相，而把握「意」之實質，開展出魏晉時期玄思玄妙之境界。就在此意義下，「言意之辨」可說是一種新眼光、新方法。[7]

---

6 見湯用彤〈言意之辨〉，頁 23-24。
7 岑溢成〈魏晉「言意之辨」的兩個層面〉（臺北：《鵝湖學誌》第十一期，1993年），頁 19。

　　「言意之辨」是指魏晉學者針對「言盡意」及「言不盡意」二論提出他們各自的看法。不論是「言盡意」抑或是「言不盡意」，二者皆不免涉及「言」和「意」的問題。而「言意」在魏晉玄學中是一對很重要的概念或範疇。「言」是指語言或文字等；「意」是指思想或義理等等。「言」是「意」的表達形式，「意」為「言」的思想內容。兩者關係，在《墨子‧小取》「以名舉實，以詞抒意」[8]中可看出端倪。「名舉實」或「詞抒意」，二者本身皆可視為言與意的關係，然而卻是分屬於不同層面之語言行為。

　　「名舉實」之「名」指語言，「實」是指人們所欲表達的對象是外在的客觀實物。既然所欲表達的對象是外在客觀實物，因此人們在表達時便有其可依據的客觀標準。所以，當人們在表達時，即使其認識主體有個別差異，但與其相對應之客觀實物之內容的認識程度，應是大同小異。換言之，認識主體所使用之語言（名）擁有相同的內容，乃是因所欲表達對象之內容是固定的，所以是任何人均能識之的。於此，其指實名言能依循客觀實物而與之一一相應，充分發揮其表意功能，且全盡物理「意」之內涵，因而言「語言」能盡「客觀實物」，是故「名」能舉「實」。[9]

　　至於「詞抒意」之「意」乃指其所欲表達者並非外在事物，而是心中之意理。也就是說，在語言表達意旨的三方聯繫中，少了「所指」（外在事物）[10]來提供客觀的檢證標準。因為少了

8　孫詒讓《墨子閒詁》收錄於嚴靈峰編輯《無求備齋墨子集成》卷十一〈小取四五〉（臺北：成文出版社，1977 年），頁 215。

9　參《魏晉言意之辨與魏晉美學》，頁 14、16。

10　人們以語言表達意旨，必須包含三要素的聯繫：一為「所指」（外在事物），二為「思指」（概念），三為「能指」（名或符號）。通常事物先在人們心中形

客觀依據，而且認識主體在經歷學識等各方面所造成的差異，使作為與語言相應的思想內容（意），不再具有固定共通的內容，而是呈顯出多采多姿的風貌。此時語言扮演的只是指點、啟發的角色，人們藉著此語言所提供的蛛絲馬跡，直探玄「意」。[11]於此，面對如此難以捉摸的「深意」、「玄義」，語言是無法再與之一一相應，因而言「言」不能盡「意」，是故「詞」雖能抒「意」，但無法抒其「深意」或「玄意」。由此可知，「詞抒意」層面中「言意」之內涵是迥異於「名舉實」層面中「言意」之意義的。總之，就「以名舉實」而言，名言能盡舉實之意，言能盡意，屬外延真理；就「以詞抒意」而言，詞不能盡抒意之深意，言不能盡意，屬內容真理。

　　何謂外延真理、內容真理呢？「外延真理」是指一般客觀外在實物之物理，如以科學語言所得的真理，是屬「言無不盡意」之「言盡意」的範疇領域。如歐陽建言：「名逐物而遷，言因理而變」，言與理、名與物，不得相與為二，則其物與理皆形而下者，此形下物與理之範圍是可為人們所知曉。又云：「苟其不二，則無不盡」，則「盡」是指「名實相應」之盡，是指實之盡，而能盡之名言則是在客觀世界有恰當相應之名，而其所盡者皆外延真理。[12]至於「內容真理」，牟先生說：「在中國玄理哲學之『境界形態』下[13]，一切名言所不能盡之意與理，（名理相

成概念（思指），然後人們再以其最適當，最能表現，符應於事物的符號（能指）來指稱外在事物（所指）。同前註，頁 13-14。

11　同前註。

12　參見《才性與玄理》，頁 252。

13　牟宗三先生對「境界形態」說明如下：大體言之，中國名家傳統所開之玄理哲學，其形態是「境界形態」；而西方哲學，其形態是「實有形態」。一是主

對，言與意相對），吾皆統之於『內容真理』下，而謂其是『主觀性之花爛映發』。即，其所不盡之意理乃屬內容真理。」[14]如荀粲之「象外之意，繫表之言，固蘊而不出矣」，與王弼「得意忘象、得象忘言」皆屬「言不盡意」。此「盡」為啟發之盡，非名實相應之盡，而其所盡者皆內容真理。[15]此種「內容真理」是關於「主觀性本身」與「主觀性之花爛映發」所作成的主觀的「內容的體會」，是不能脫離主體「我」的生命個體而獨立存在的。例如主體「我」透過對美的欣趣判斷，如文學、藝術、美學；或是對形而上的玄思，如哲學、宗教等語言所獲致的真理，皆屬「內容真理」的領域。魏晉玄學的真理即是意在言外，是一種主體性的內容真理，是只可意會、體知而不可言詮的。總之，屬內容真理者，抒意、啟發名言者，言不盡意；屬外延真理者，指實名言者，言可盡意。言可盡意者，可道世界；言不盡意者，不可道世界。牟先生曾語重心長說：

> 人們只知研究外在的對象為學問，並不認生命處亦有學問。人只知以科學言詞、科學程序所得的外延真理（Extensional truth）為真理，而不知生命處的內容真理（Intensional truth）為真理。所以生命處無學問、無真理，

觀的神會、妙用，重主觀性；一是客觀的義理、實有，重客觀性。一是圓而神，一是方以智。一是清通簡要，虛明朗照，一是架構組織，骨格挺立。一是圓應無方，而歸於一體如如，洒然無所得。一是系統整然、辨解精練，顯露原則原理之「實有」。一是不著，一是著。一是混圓如如地對於客觀真實無分解撐架的肯定，一是分解撐架地對客觀真實有肯定。牟宗三先生《才性與玄理》，頁 263。

14 同前註。
15 同前註，見 253。

　　只是盲爽發狂之衝動而已。[16]

　　追求學問，不僅要追求以科學方法獲得外延真理為真理的學問，更要追尋自我內在生命處所蘊藏之善與美的學問。若一味偏於科學真理而略於內容真理，則生命終將無以承載苦難、超越自我。是以，惟有把握住內容真理的學問，生命才得以袪執以達圓，超昇以顯揚。

　　究竟魏晉玄學言意之辨是屬「言意境」抑或是「超言意境」？歐陽建主張「言能盡意」，其理論也許是不離言意境，然而，歐陽建在其〈言盡意論〉明白論述「言不盡意，由來尚矣」，且當時之人莫不引「言不盡意」為證。如此說來，「言不盡意」當是魏晉玄學言意之辨主流。「言不盡意」因「盡」之不同意義，可有兩種理解。若為「表達的盡」，「言不盡意」是指語言文字不能充分窮盡地表達「意思」；若為「理解的盡」，「言不盡意」則是指吾人根本無法經由語言文字而充分窮盡地理解「玄意」，惟有透過個人主體的實踐修養，才能使人窮盡的理解玄意成為可能。對於前者「言不盡意」之「意」，若能不執拘在「意念層」上，而是積極活看意的內涵，則無、自然、無為、超形名之道、無為而無不為、至寂至靜之一等等諸名言所示之境界，亦是「意」也，亦即聖證境界中一切的內容真理。如此一來，言不盡意即是超言意境。而後者形而上的言不盡意實已進入真正的「超言意境」，亦即所謂「不可說」或「不可思議」之境界。魏晉玄學之自然、有無等超言意思想，亦是不可言說，而之所以言說者，

---

16 見牟宗三先生《生命的學問》（臺北：三民書局，1991年），頁36。

乃是為了「辯之以相示也」，其道理應與佛教方便說相似[17]。只是佛教名理之超言意境是實、是行，是必函作到與否的問題，是為道德宗教之本質。而魏晉名理之超言意境是辯、是虛、是知，不必函作到與否的問題，是為哲學之本質。是以，若從解悟之知上來看玄學名理之言意境，則魏晉玄學言意之辨是知此「超言意境」的。[18]

第二節　關於「不可說」

「不可說」的問題是德國哲人維特根什坦在二十世紀初期提出的。他認為不能用邏輯形式言語的內容，如文學、藝術、美學、宗教、倫理學等等，均不可言說。維氏說：「凡可被說者即能清楚地被說，凡我們所不能談及者必須在沉默中略過。」[19]他認為對可說的事物，我們就要清楚明白地說出，避免引起歧義和誤解；對不可說的事物，我們就要本分老實地保持沉默，絕不妄加論說。這個觀點對當代思想家影響頗大，卻也受到羅素的質疑，他認為人們不可能對不可言說的東西一直保持沉默，就連維氏本人對不可言說的東西也還是設法說了一些。維

---

17 佛教般若智慧並非普通的智慧，佛陀所要開示的智慧，是指能夠了解道、悟道、修證、了脫生死、超凡入聖的這個智慧。此智慧本非世間「般若的名義所能恰當」，但又不能不安立名言以教化開導眾生。因此採用「般若」一名，只為「方便說」而已。參印順法師《般若經講記》（臺北：正聞出版社，1992年3月），頁9。

18 參《才性與玄理》，頁279-281。

19 見牟宗三先生譯，維特根什坦《名理論》，頁6。

氏則對此作辯解說，他所作的努力只是某種顯示，並非言說。「凡只能被顯示者不能被說。」[20]也就是說，凡可顯示的，是不可言說的。而維氏更說到他的命題是一種工具——梯子，在理解了他的命題之後，應當把「凡顯示的」不可說的東西當成梯子捨棄[21]，然後依靠一種神祕體驗的方式來理解命題所顯示出來的意義，[22]如是，才能獲致真理。

中國哲學也談論不可說問題。道家老子是它的首唱者。《道德經》五千言，首章即說：「道可道，非常道；名可名，非常名」，玄遠深妙的大道既可說，又不能說；既可名，又不能名。換言之，道究竟可說？還是不可說呢？對此莊子以「天地與我並生，而萬物與我為一。既已為一矣，且得有言乎？既已謂之一矣，且得無言乎？」做了詳盡而深刻的說明。天地境界本不可說，因為物我混然天成，未有分別，從何說起？可得說，因為混然未分的狀態一經說出，便打破了無言的沉默，由不可說變成可說了。及至魏晉，言說的形式與內容之間的關係得到了更為廣泛的說明。雖然王弼所說的「言不盡意」、「得意忘象」並未直接討論不可說的問題，然而，畢竟他還是承認：一般的語言文字是無法窮盡地表達深遠玄意的。至於隋唐佛經中也出現「不可說」的文字內容。如《大涅槃經》有云：「不生生不可說，生

---

20 同前註，頁 62。
21 同前註，頁 159。「我所說以上諸命題依以下的樣式足以充作使事物明白的一種說明，即：任何人，他若了解我，他最後將確認我的那些命題為無意義，當他以使用它們作為階梯向上攀登以越過它們時。（如普通所謂在向上攀登已越過梯子後，他必須捨棄那梯子。）他必須超離這些命題，如是，他將會正確地看世界。」
22 同前註，頁 158。「實在說來，茲實有一些不能被表述的事物。這些不能被表述的事物它們使其自身成為明顯的。它們就是那是神祕的者。」

生亦不可說；生不生亦不可說，不生不生亦不可說；生亦不可說，不生亦不可說；有因緣，故亦可得說。」[23]佛僧認為本真存在原無名相，無從言說；而世間萬物既是由因緣和合而成，雖然相虛，畢竟還是可以言說之名相，故又是可說的。[24]之後，禪宗則是在體認佛性的問題上逐步確立了教外別傳、不立文字、道在心悟的宗旨。

「不可說」雖是中西共同關心的問題，但兩者對「不可說」的理解是有所不同的。維氏所謂的「不可說」就是不能合乎邏輯地說，而中國哲學則認為言說不止一種形式，當邏輯無法說出者，可以用別的形式來表達，如「詭辭為用」。「不可說」只是從內容上講，即不可盡說。語言無法窮盡大道的一切本質，即使勉強說出一些內容，也無法體現大道全體的面貌，反而容易落入「說似一物即不中」的窘境。而兩者最根本的區別在於，維氏對不可說問題採取乾脆不說的立場，而中國哲學則非但不反對言說，還鼓勵創造性的「強為之說」，不可說也不是不能說，而是視情況而言說之。[25]所以道家由老子「正言若反」、莊子「大詭辭」開始，到郭象「詭辭為用」發跡冥圓融之論，成為玄智模型，再到佛家層層遮撥的圓教般若模型[26]，此「詭辭為用」實為中國哲學道家、玄學家、佛家三家表意之共法。由此可見，中西哲人研究「不可說」的宗旨雖大體一致，其趣味和態度卻迥然不同。

23　《大正新修「大藏經」》第十二冊，《大般涅槃經》卷二十一，頁490。

24　參見〈說「不可說」──試析哲學言說形式與內容關係〉，頁91。

25　同前註，參頁92。

26　參見毛文芳〈魏晉玄學的方法論及其解析〉（臺北：《孔孟月刊》第三十卷第七期），頁22。

最後，總括前述章節乃提出幾點說明。首先，言意問題的討論，主要集中在魏晉時期，但先秦道家已發其端。《老子》之「道」是不能以某言言之、某名名之，因為任何名、言都不能充分表達「道」之真義，是以道之義，言不可盡。莊子則在許多篇章裡反覆重申，語言文字都不足以表達至道之玄意。從「言不盡意」到「得意忘言」，進而提出「超言意」的境界。老莊之道均有不可言說的特性，而中國哲學對於「不可說」之玄理，絕不輕易放棄，而是竭盡心力以哲學智慧來言說真理。老莊是以「正言若反」、「詭辭為用」的特殊言說方式來表達不可言說之大道，且以「致虛極、守靜篤」、「心齋坐忘」的修養工夫體證大道。

其次，先秦道家雖然提出了言意問題，並未引起人們普遍關注，諸子之間尚無人為此而有所爭論。只是到了魏晉時期，由於玄學興起，人們競相注解《老子》、《莊子》和《周易》，圍繞如何體「道」，把握「本體」和領會所謂的「聖人之意」，言意問題逐漸成為哲學上的中心議題之一，而有「言不盡意」與「言盡意」兩派爭論。魏晉玄學中，首倡「言不盡意」論的是荀粲。他析「言」為「繫辭」和「繫表」；析「意」為「意內」和「超意（意外）」。認為微妙抽象的義理非具體繫辭所能表達，且「理之微」者，亦非物象之所舉，故持「言、象不盡意說」。王弼的言意觀點比荀粲更進一步，標誌著玄學注經方法質的飛躍。他融合儒家「言不盡意」、「立象以盡意」以及道家的「得意忘言」于一爐，自創「忘言忘象得意說」之言意觀。郭象《莊子注》即以此為立論根據，對《莊子》一書難以發揮之處，往往採取「寄言出意」、「忘言尋其說」、「善會其說」的方法論述

其觀點。張湛「言意兼忘」則是延申郭象「入乎無言無意之域」
的論點，與莊子超言意思想有密切關係。張韓「不用舌論」，說
明至精之理（如性與天道），是不可得而聞，所以提醒人們「留
意於言，不如留意於不言」。庾闡「著龜論」則在說明通達萬物，
不在於著龜工具，而在於人本身內在的「神明」，故有言「是以
象以求妙，妙得則象忘；著以求神，神窮則著廢。」此與王弼
有著相同論旨。至於嵇康的〈聲無哀樂論〉有言：「夫言非自然
一定之物，五方殊俗，同事異號，舉一名以為標識耳。」「言」
表示的概念不過是一個「標識」，這種「同事異號」的現象，說
明「言」本身有其獨立的地位，「言」、「意」無固定不變的關係。
歐陽建的「言盡意論」則是從語言與意義的一般關係為核心的
層面上，與從形而上學為基礎或主流的「言不盡意論」有所區
分。因此「言盡意」和「言不盡意」並非在同一層面上立論，
而是判別言語傳達意義功能的兩套理論，因此不能構成有意義
的「論辯」。[27]試想：處在當今如此複雜紛擾的社會裡，人們當
涵養相容開闊的胸襟，才能與萬事萬物和平共處、共存。尤其
在處理像是言語或思想等較抽象內容的差異，所形成的衝突與
矛盾的對立時，更需要以「和而不同」的相容心態來面對。即
便是極端對立的思想或言論，只要人們願意且努力持之以恆地
探索，必能尋繹出個別存在的特殊價值性。因而魏晉玄學言意
之辨的實質內容，可以說是以「言不盡意」為主流，以此為核
心，往形而下行的「言盡意」與朝形而上行之的「超言意」，皆
因各家就不同的層面去探討言意關係，而各有其所見。

---

27 參見〈魏晉「言意之辨」的兩個層面〉，頁22。

　　綜觀上述言意之辨的淵源與發展，可知「言意之辨」實為中國哲學史上一個重要學說。此學說對當世及後代皆有深遠的影響。一、玄學的建立：玄學家崇尚玄遠虛無之說，莫不以「言不盡意」之方法論來建構玄學的論述；以「得意忘言」之認識論為其理論的依據。如王弼的「得意忘象說」和郭象的「寄言出意」，在注解、詮釋經典和文本時，不再同漢代只剋應章句訓詁，而是但求大義歸宗，並由此而達至儒道會通的目的，以及展開玄學的論述。[28]由此可知玄學之建立，有賴於言意之辨。二、義理易取代象數易，是易學史上一次很重要的轉變：王弼以「得意忘言」的方法注易，掃除象數易的弊端，對宋代理學以義理解《易》有很大的影響。[29]三、魏晉當時文論家接受「言不盡意」、「得意忘言」之宗旨，用來指導和分析文學創作，由此開創了文學創作中追求言外之意，玄外之旨，象外之趣以及言有盡而意無窮的美學旨趣。四、佛教亦受其魏晉玄學的影響，以「得意忘言」、「忘筌取魚」的方法，通達空義玄旨。五、禪宗更進一步以「不立文字、道在心悟」超言意的方式，透過主體的修養實踐來體證大道。總之，面對中國玄學、易學、文學與佛學的建立與發展，筆者聯繫魏晉三玄與言意之辨，得到進一步地理解。

28　參見〈魏晉的言意觀〉，頁 15-16。此文提到：魏晉玄學家詮釋經典，求其大義歸宗，此種將文本視為開放的觀念，恰好符合現代詮釋學的精神。

29　《四庫全書總目提要》論及《易》書研究發展的梗概，謂：「聖人覺世牖民，大抵因事以寓教。……而易則寓於卜筮。……漢儒言象數，去古未遠也，一變而為京、焦。入於譏祥，再變而為陳、邵，務窮造化，《易》遂不切於民用；王弼盡黜象數，說以老莊；一變而胡瑗、程子，始闡明儒理，再變而李光、楊萬里，又參證史事，《易》遂日啟其論端。」見清·永瑢、紀昀等撰，武英殿本《四庫全書總目提要》第一冊經部（臺北：臺灣商務印書館），頁 1 之 54。

　　「書不盡言」、「言不盡意」，有關中國哲學「不可說」之課題，尚有一段值得努力的路程。

參考書目

一、古代典籍

毛　亨傳，鄭　玄箋，孔穎達正義：《詩經》十三經注疏本，臺北縣：藝文，1993 年。

王　弼、韓康伯注，孔穎達正義：《周易》十三經注疏本，臺北縣：藝文，1993 年。

王夫之：《莊子解》，臺北：里仁書局，1995 年。

王念孫疏：《廣雅》四部備要本，臺北：中華，1965 年。

王船山：《船山易學》，臺北：河洛，1974 年。

司空圖：《二十四詩品》四部備要本，臺北：中華，1965 年。

永　瑢、紀　昀等撰：《四庫全書總目提要‧經部》武英殿本，臺北：商務。

安　澄：《大正新修大藏經‧第六十五冊‧續論疏部》，《中論疏記》，臺北：新文豐，1973 年。

何　晏集解，邢　昺疏：《論語》十三經注疏本，臺北縣：藝文，1993 年

房玄齡撰，楊家駱主編：《晉書》新校本二十五史，臺北：鼎文，1975 年。

宣　穎：《南華經解》，臺北縣：藝文印書館，1974 年。

段玉裁：《說文解字注》，臺北：黎明文化，1988 年。

范文瀾：《文心雕龍註本》，香港：商務，1960 年。

班　固撰，顏師古注：《漢書》，臺北：鼎文，1975 年。

荀　況：《荀子》四部備要本，臺北：中華，1965 年。

高　誘注：《呂氏春秋》四部備要本，臺北：中華，1965 年。

章學誠著，王雲五主編：《文史通義》，臺北：商務，1968 年。

郭　象註：《莊子》，臺北縣：藝文，1983 年。

郭慶藩輯：《莊子集釋》，臺北：華正，1989 年。

陳壽撰，楊家駱主編：《三國志》新校本二十五史，臺北：鼎文，
　　　1975 年。

陸　機：《陸士衡文集》四部叢刊初編，臺北：商務，1979 年。

嵇　康：《嵇中散集》四部備要本，臺北：中華，1965 年。

普　濟：《五燈會元》，臺北：文津，1986 年。

楊　勇：《陶淵明集校箋》，臺北：正文，1987 年。

楊伯峻撰：《列子集釋》。

葛　洪：《抱朴子》四部備要本，臺北：中華，1965 年。

鳩摩羅什譯：《大正新修大藏經・第八冊・般若部（四）》，《金
　　　剛般若波羅蜜經》，臺北：新文豐，1973 年。

僧　肇：《大正新修大藏經・第四十五冊・諸宗部》，《肇論》，
　　　臺北：新文豐，1973 年。

僧　祐：《大正新修大藏經・第五十五冊・目錄部》，《出三藏集》，
　　　臺北：新文豐，1973 年。

劉　勰：《文心雕龍》，四部叢刊正編，臺北：商務。

劉義慶撰，劉孝標注：《世說新語》，臺北：中華，1992 年。

樓宇烈校釋：《王弼集校釋》，臺北：華正，1992 年。

歐陽詢等撰著：《藝文類聚》，文光，1974 年。

鄭　玄注，賈公彥疏：《周禮》十三經注疏本，臺北縣，藝文，1993 年。

龍　樹：《大正新修大藏經・第二十五冊・釋經論部上》，《大智度論》，臺北：新文豐，1973 年。

戴明揚：《嵇康集校注》，臺北：河洛，1978 年。

鍾　嶸：《詩品》四部備要本，臺北：中華，1965 年。

嚴　羽著，郭紹虞校釋：《滄浪詩話》，臺北：東昇，1980 年。

嚴可均校輯：《全上古三代秦漢三國六朝文（二）》，北京：中華，1958 年。

嚴靈峰編輯：《無求備齋墨子集成》，臺北：成文出版社，1977 年。

釋法海撰，丁福葆註：《六祖壇經箋註》，臺北：文津，1984 年。

釋慧皎：《高僧傳》，臺北：廣文，1971 年。

《大正新修大藏經・第二冊・阿含部下》，臺北：新文豐，1973 年。

《大正新修大藏經・第十二冊・涅槃部》，臺北：新文豐，1973 年。

《禪學大成》第四、五冊，臺北：中華佛教文化館影印。

二、現代專著

于凌波：《簡明佛學概論》，臺北：東大，1993 年。

孔　繁：《魏晉玄談》，遼寧：新華，1992 年。

方穎嫻：《先秦道家與玄學佛學》，臺北：學生，1986 年。

王　煜：《老莊思想論集》，臺北：聯經，1981 年。

王更生：《文心雕龍讀本》，臺北：文史哲，1991 年。

王邦雄、楊祖漢、岑溢成、高柏園先生合編著：《中國哲學史》，
　　　臺北縣：國立空中大學，1998 年。
王邦雄：《中國哲學論集》，臺北：學生，1986 年。
王邦雄：《老子的哲學》，臺北：東大，1990 年。
王葆玹：《正始玄學》，合肥：齊魯，1987 年。
王葆玹：《玄學通論》，臺北：五南，1996 年。
皮元珍：《嵇康論》，長沙：湖南人民出版社，2000 年。
任繼愈：《中國佛教史》，北京：中國社會科學出版社，1985 年。
任繼愈編：《中國哲學發展史 — 魏晉南北朝》，北京：人民，
　　　1988 年。
伊麗莎白、弗洛恩德著，陳燕谷譯：《讀者理解的反應批評》，
　　　板橋：駱駝，1994 年。
印順法師：《般若經講記》，臺北：正聞，1992 年。
吉布蘭：《先知》，臺南：大眾，1979 年。
朱立元、李鈞主編：《二十世紀西方文論選》，北京：高等教育
　　　出版，2003 年。
朱伯崑：《易學哲學史》，臺北：藍燈，1991 年。
牟宗三：《才性與玄理》，臺北：學生，1993 年。
牟宗三：《中國哲學十九講》，臺北：學生，1993 年。
牟宗三：《生命的學問》，臺北：三民，1991 年。
牟宗三：《名家與荀子》，臺北：學生，1985 年。
牟宗三：《周易的自然哲學與道德函義》，臺北：文津，1988 年。
牟宗三：《理則學》，臺北：正中，1982 年。
何啟民：《魏晉思想與談風》，臺北：學生，1990 年。
吳　怡：《禪與老莊》，臺北：三民，1992 年。

吳汝鈞：《印度佛學的現代詮釋》，臺北：文津，1994 年。

李天命：《語理分析的思考方式》，臺北：鵝湖，1993 年。

李煥明：《易經的生命哲學》，臺北：文津，1992 年。

李澤厚、劉綱紀：《中國美學史》，臺北：谷風出版社，1986 年。

宗白華：《美學散步》，上海：上海人民出版社，1998 年。

帕瑪著，嚴平譯，張文慧、林捷逸校閱：《詮釋學》，臺北：桂
　　冠，1992 年。

林光華：《魏晉玄學「言意之辨」研究》，上海：社會科學文獻
　　出版社，2016 年。

林麗真：《王弼》，臺北：東大，1988 年。

竺家寧：《中國的語言和文字》，臺北：臺灣，1998 年。

金丹元：《禪意與化境》，中國：上海文藝出版社，1993 年。

南懷瑾：《金剛經說什麼》，臺北：老古文化，1993 年。

洪修平釋義：《肇論》，高雄：佛光，1996 年。

唐君毅：《唐君毅全集：中國哲學原論　導論篇　原道篇》，臺
　　北：學生，1993 年。

唐翼明：《魏晉清談》，臺北：東大，1992 年。

徐中玉、蕭華榮整理：《劉熙載論藝六種》，四川：新華，1990 年。

徐復觀：《中國藝術精神》，臺北：學生，1992 年。

徐麗真：《嵇康的音樂美學》，臺北：華泰文化，1997 年。

恩思特‧卡西勒著、于曉譯：《語言與神話》，臺北：桂冠，1990 年。

殷　鼎：《理解的命運》，臺北：東大，1994 年。

高柏園：《莊子內七篇思想研究》，臺北：文津，1992 年。

高齡芬：《王弼老學之研究》，臺北：文津，1992 年。

崔富章注譯：《新譯嵇中散集》，臺北：三民，1998 年。

張　亨：《思文之際論集：儒道思想的現代詮釋》，臺北：允晨，
　　　1997 年。

張少康：《中國古代文學創作論》，北京：北京大學出版社，1983 年。

張起鈞：《老子哲學》，臺北：正中，1980 年。

張蕙慧：《嵇康音樂美學思想探究》，臺北：文津，1997 年。

張默生：《莊子新釋》，臺北：明文，1994 年。

敏　澤：《中國美學思想史》，合肥：齊魯，1989 年。

莊萬壽：《新譯列子讀本》，臺北：三民，1979 年。

莊耀郎：《郭象玄學》，臺北：里仁，1998 年 3 月。

許抗生、陳戰國、李中華、那薇等著：《魏晉玄學史》，陝西：
　　　師範大學，1989 年。

許抗生：《三國佛玄道簡論》，合肥：齊魯，1991 年。

許抗生：《魏晉南北朝思想研究概論》，天津：天津教育出版社，
　　　1991 年。

陳沛然：《佛家哲理通析》，臺北：東大，1993 年。

陳俊輝：《邁向詮釋學論爭的途徑》，臺北：唐山，1989 年。

陳喬楚註譯：《人物志今註今譯》，臺北：商務，1996 年。

陳鼓應：《老子今註今譯及評介》，臺北：商務，1997 年。

陳鼓應：《老莊新論》，臺北：五南圖書，1995 年。

陳鼓應：《莊子今註今譯》，臺北：商務，1975 年。

陳鼓應：《莊子哲學》，臺北：商務，1989 年。

陳鼓應編：《道家文化研究》第四輯，上海：上海古籍，1994 年。

陶國璋：《開發精確的思考》，臺北：書林，1995 年。

勞思光：《新編中國哲學史》，臺北：三民，1993 年。

曾春海：《兩漢魏晉哲學史》，臺北：五南，2002 年。

曾春海：《嵇康：竹林玄學的典範》，臺北：萬卷樓，2000 年。

曾春海主編：《魏晉三玄的對比研究專題》，臺北：哲學與文化
　　　月刊社，2013 年。

湯一介：《在非有非無之間》，臺北：正中，1996 年。

湯一介：《郭象與魏晉玄學》，中和市：谷風，1987 年。

湯用彤、袁行霈、容肇祖等著：《魏晉思想》甲、乙編，臺北：
　　　里仁，1995 年。

馮友蘭：《中國哲學史新編》，臺北：藍燈，1991 年。

馮耀明：《中國哲學的方法論問題》，臺北：允晨，1989 年。

黃宣範：《語言哲學：意義與指涉理論的研究》，臺北：文鶴，
　　　1983 年。

楊士毅：《語言、演譯邏輯哲學》，臺北：書林，1994 年。

楊士毅：《邏輯與人生－語言與謬誤》，臺北：書林，1998 年。

葉朗：《中國美學的發端》，臺北：金楓出版社，1987 年。

鄔昆如：《文化哲學講錄（六）》，臺北：東大，1995 年。

維特根什坦著、牟宗三譯：《名理論》，臺北：學生，1987 年。

蒙培元：《中國傳統哲學思維方式》，浙江：人民，1993 年。

趙書廉：《魏晉玄學探微》，河南：人民，1992 年。

劉貴傑：《支道林思想之研究》，臺北：商務，1982 年。

劉貴傑：《僧肇思想研究》，臺北：文史哲，1985 年。

蔡振豐：《魏晉名士與玄學清談》，臺北：黎明，1997 年。

蔣錫昌：《老子校詁》，四川：成都古籍，1988 年。

戴璉璋：《玄智、玄理與文化發展》，臺北：中研院中國文哲研
　　　究所，2002 年。

戴璉璋：《易傳之形成及其思想》，臺北：文津，1989 年。

簡博賢：《魏晉四家易研究》，臺北：文史哲，1986 年。

羅宗強：《魏晉南北朝文學思想史》，北京：中華書局，1996 年。

嚴靈峰：《老莊研究》，臺北：中華，1966 年。

嚴靈峰：《無求備齋學術論集》，臺北：中華，1969 年。

九思叢書編輯部編《陶淵明研究》，臺北：九思。

三、期刊論文

丁冠之：〈論嵇康的哲學思想〉，北京：《哲學研究》第四期，1980 年。

孔　繁：〈魏晉玄學言、意之辨與文學創作〉，北京：《孔子研究》第三期，1986 年。

毛文芳：〈魏晉玄學的方法論及其解析〉，臺北：《孔孟月刊》第三十卷第七期，1992 年。

王開府：〈思想研究法綜論 —— 以中國哲學為例〉，臺北：《臺灣師大國文學報》第二十七期，1997 年 6 月。

王葆玹：〈魏晉言意之辨的發展與意象思維方式的形成〉，臺北：《中國文化月刊》第一一六期，1989 年 6 月。

王曉毅：〈從象數到本體—漢魏之際思維方式的演變〉，臺北：《哲學與文化》二十二卷第七期，1995 年 7 月。

王曉毅：〈魏晉「言意之辨」的形成及其意義〉，北京：《中國哲學史》，1990 年 1 月。

石峻、方立天：〈論魏晉時代佛學和玄學的異同〉，北京：《哲學研究》第十期，1980 年。

任中杰，哈爾濱：〈周易的言不盡意論〉，《北方論叢》第二期，1989 年。

朱立元、王文英：〈試論莊子的言意觀〉，上海：《社會科學院學術季刊》總第四十期，1994 年 12 月。

朱立元：〈先秦儒家的言意觀初探〉，北京：《中國哲學史》，1994年 9 月。

朱光潛：〈思想就是使用語言〉，北京：《哲學研究》第一期，1989 年。

朱家馳：〈陶詩的言約旨遠與玄學的言不盡意〉，內蒙古：《內蒙古大學學報》第三期，1985 年。

牟宗三主講、邱才貴整理：〈中國文化發展中義理開創的十大諍辯〉，臺北：《鵝湖月刊》一四三期，1987 年 5 月。

余衛國：〈一場虛假的論辨──魏晉之際言意之辨剖析〉，北京：《中國哲學史》，1990 年 1 月。

吳　旻：〈可道世界與不可道世界──「言意之辨與魏晉名理」餘論〉，臺北：《鵝湖月刊》一二八期，1986 年 2 月。

吳　旻：〈言意之辨與魏晉名理（一）、（二）、（三）、（四）、（五）、（六）、（七）〉，臺北：《鵝湖月刊》第一一六、一一七、一一八、一二一、一二二、一二三、一二四期，1985 年 2、3、4、7、8、9、10 月。

吳曉青：〈王弼言意觀初探〉，臺北：《中華學報》第四十三期，1993 年 3 月。

宋協立：〈言意之辨：語言的局限性與文學的重要性〉，山東：《文史哲》，1994 年 2 月。

岑溢成：〈老子之基本概念──語意的悖論〉，臺北：《鵝湖月刊》一一五期，1985 年。

岑溢成：〈嵇康的思維方式與魏晉玄學〉，臺北：《鵝湖學誌》第九期，1992 年。

岑溢成：〈魏晉「言意之辨」的兩個層面〉，臺北：《鵝湖學誌》第十一期，1993 年 12 月。

李文初：〈陶詩與魏晉玄風〉，廣州：《暨南學報》第二期，1982 年。

李正治：〈老子「超禮歸道」型的禮樂思索〉，臺北：《鵝湖月刊》第二十二卷第六期，1996 年 12 月。

李貴、周裕鍇：〈語言：筌蹄與家園 —— 莊子言意之辨的現代觀照〉，四川：《四川師範大學學報》第二十四卷第一期，1997 年 1 月。

杜方立：〈試論老子的辯證思維〉，臺北：《鵝湖月刊》第二九四期，1999 年 3 月。

周雅清：〈支道林思想析論〉，臺北：《臺灣師大中國學術年刊》第二十三期，2002 年 3 月

林義正：〈論先秦儒道兩家的哲學方法 —— 以論語、老子為中心〉，臺北：《臺大哲學論評》第十四期，1991 年 1 月。

林鎮國：〈莊子的語言哲學及其表意方式〉，臺北：《幼獅月刊》第四十七卷第五期，1978 年 5 月。

胡興榮：〈王弼老學之詮釋及影響〉，北京：《中國哲學史》第一期，1996 年。

孫中峰：〈莊子之「道」與「藝術精神」的關係 —— 對徐復觀、顏崑陽先生論點的評述與商討〉，花蓮：《東華中國文學研究》創刊號，2002 年 6 月。

孫尚揚：〈言意之辨在魏晉玄學中的方法論意義〉，北京：《中國哲學史》，1987 年 2 月

袁正校、何向東：〈得意忘言與言意之辨〉，重慶：《西南師範大學學報》第三期，1999 年。

袁保新：〈老子語言哲學試探〉，臺北：《鵝湖月刊》一四八期，1987 年 10 月。

張天昱：〈說「不可說」 —— 試析哲學言說形式與內容關係〉，北京：《北京大學學報》，1991 年。

張善文：〈論王弼《易》學的「得意忘象」說〉，北京：《中國哲學史》，1994 年 4 月。

莊耀郎：〈郭象《莊子注》的方法論〉，臺北：《臺灣師大中國學術年刊》第二十期，1999 年 3 月。

莊耀郎：〈試論道德經的生命進路〉，臺北：《臺灣師大中國學術年刊》第八期，1986 年 6 月。

莊耀郎：〈魏晉反玄思想析論〉，臺北：《臺灣師大中國學術年刊》第二十四期，1995 年 6 月。

莊耀郎：〈魏晉的言意觀〉，第一屆中國文學與文化全國學術研討會，2002 年 11 月 15 日。

許艾瓊：〈言不盡意論的辯護〉，瀋陽：《遼寧大學學報》第三期，1991 年。

郭外岑：〈魏晉玄學與意象形成的關係〉，蘭州：《西北師院學報》第二期，1987 年．

陳　明：〈六朝玄音遠，誰似解人歸 —— 大陸玄學研究四十年的回顧與反思〉，臺北：《書目季刊》第二十七卷第二期，1993 年。

陳引馳：〈「言意之辨」導向文學的邏輯線索〉，廣東：《文藝理論研究》，1994 年 3 月。

陳道德：〈言、象、意簡論〉，北京：《哲學研究》第六期，1997 年。

陳戰國：〈略論張湛的哲學思想〉，北京：《中國哲學研究》第四期，1983 年。

傅佩榮：〈道家的邏輯與認識方法〉，臺北：《臺大哲學論評》第十四期，1991 年 1 月。

喻博文：〈王弼易學的方法論思想〉，北京：《中國哲學史研究》第三期，1987 年。

曾春海：〈比較王弼與程頤的「易」注及本體論〉，臺北：《哲學

　　與文化》二十五卷第十一期，1998 年 11 月。

曾春海：〈魏晉玄學及臺灣近五十年來研究之回顧與展望〉，臺
　　北：《哲學雜誌》第二十五期，1998 年 8 月。

曾美雲：〈魏晉玄學中的教育思想及其特色〉，臺北：《臺大中國
　　文學研究》第十一期，1997 年 5 月。

湯一介：〈從張湛列子注和郭象莊子注的比較看魏晉玄學的發
　　展〉，北京：《中國哲學史研究》第一期，1981 年。

程琦琳：〈言意之辨與中國詩〉，江蘇：《江海期刊》第一期，
　　1991 年。

黃　萍：〈莊子美學的生命意義〉，四川：《西南民族大學學報》總
　　二十五卷第八期》，2004 年 8 月。

黃應全：〈玄學影響文論的橋樑〉，北京：《文藝研究》第四期，
　　1997 年。

廖鍾慶：〈僧肇般若無知論析義〉，臺北：《鵝湖月刊》七期，1976
　　年 1 月。

劉　宇：〈魏晉玄學與言意之辨〉，遼寧：《錦州師院學報》第二
　　期，1989 年。

劉　琦、徐　潛：〈言意之辨與魏晉南北朝文學思維理論的發
　　展〉，北京：《文藝研究》，1992 年。

戴璉璋：〈王弼易學中的玄思〉，臺北：《中國文哲研究集刊》，
　　1991 年 3 月。

戴璉璋：〈嵇康思想中的名理與玄理〉，臺北：《中國文哲研究集
　　刊》第四期，1994 年 3 月。

四、學位論文

丘奕祥:《佛學經論中空性之研究》,香港能仁書院哲學研究所
　　碩士論文,1995 年 6 月。

伍志學:《老子語言哲學研究》,臺灣大學哲學研究所博士論文,
　　1995 年 6 月。

江建俊:《魏晉玄理與玄風之研究》,文化大學哲研所博士論文,
　　1986 年 12 月。

何保中:《莊子思想中道之可道與不可道》,臺灣大學哲學研究
　　所碩士論文,1982 年 6 月。

吳慕雅:《張湛『列子注』貴虛思想研究》,政治大學中文研究
　　所碩士論文,1995 年 6 月。

吳曉菁:《王弼言意之辨研究》,政治大學中文研究所碩士論文,
　　1995 年 6 月。

李致蓉:《言意之辨與文心雕龍文學技巧論研究》,輔仁大學中
　　文研究所碩士論文,2006 年。

周大興:《王弼玄學與魏晉名教觀念的演變》,文化大學哲學研
　　究所博士論文,1995 年 12 月。

周美吟:《張湛「列子注研究」》,臺灣師大國文研究所碩士論文,
　　2001 年 6 月。

周雅清:《成玄英思想研究》,臺灣師大國文研究所碩士論文,
　　2002 年 5 月。

孟慶麗:《試論先秦時期中國古代言意觀的建構和言意之辨的濫
　　觴》,中國蘇州大學中國古代文學博士論文,2002 年 4 月。

林世奇：《莊子美學思想研究》，淡江大學中文研究所碩士論文，
　　1998 年。

林永崇：《莊子弔詭語言之研究 ── 一個比較哲學之探究》，東
　　海大學哲學研究所碩士論文，1986 年 5 月。

林秀茂：《老子哲學之方法論》，臺灣大學哲學研究所博士論文，
　　1994 年。

林翠雲：《莊子「技進於道」美學意義之探究》，國立中央大學
　　中文研究所碩士論文，1992 年 6 月。

林麗真：《魏晉清談主題之研究》，臺灣大學中文研究所博士論
　　文，1987 年。

林顯庭：《魏晉清談及其名題之研究》，文化大學哲學研究所博
　　士論文，1983 年 4 月。

施忠賢：《魏晉言意之辨研究》，中央大學中文研究所碩士論文，
　　1990 年 1 月。

孫大川：《言意之辨 ── 魏晉玄學對語言的反應及其影響》，輔
　　仁大學哲學研究所碩士論文，1987 年 6 月。

徐麗真：《嵇康聲無哀樂論之音樂美學研究》，臺灣師大國文研
　　究所碩士論文，1991 年 6 月。

袁保新：《老子形上思想之詮釋與重建》，文化大學哲學研究所
　　博士論文，1983 年 12 月。

崔世崙：《嵇康「論文」及其玄學方法研究》，臺灣師大國文研
　　究所碩士論文，1997 年 12 月。

張珍禎：《嵇康〈聲無哀樂論〉之玄學思維──論題架構的思想
　　格局對魏晉思潮之回應》，臺灣師大國文研究所碩士論
　　文，2006 年。

莊耀郎：《王弼玄學》，臺灣師大國文研究所博士論文，1991 年
　　6 月。

許曼喻：《嵇康〈聲無哀樂論〉視域下的言意之辨》，政治大學
　　中文研究所碩士論文，2012 年。

陳信義：《老子的名言觀研究》，文化大學哲學研究所碩士論文，
　　1988 年 6 月。

陳素卿：《金剛般若經空義的研究》，臺灣大學哲學研究所碩士
　　論文，1980 年 5 月。

黃文儀：《道不可名與得意忘象：王弼『無名』理論及其思想史
　　的意義》，輔仁大學中文研究所碩士論文，2004 年。

黃金榔：《魏晉言意之辨及其對後代詩學理論之影響》，高雄師
　　大國文研究所博士論文，2005 年。

劉繩向：《魏晉言意之辨與魏晉美學》，輔仁大學哲學研究所碩
　　士論文，1992 年 7 月。

蔡振豐：《王弼言意理論及其玄學方法》，臺灣大學中文研究所
　　碩士論文，1995 年 6 月。

蔡偉仁：《莊子哲學研究─論名言的限制與真知的價值》，輔仁
　　大學哲學研究所碩士論文，1992 年 6 月。

賴卓彬、牟宗三、吳明：《言盡意論與言不盡意論》，香港新亞
　　研究所哲學組碩士論文，1995 年 6 月。

簡婉君：《莊子一書中有關「語言」問題的初步探討》，輔仁大
　　學哲學研究所碩士論文，1991 年 5 月。